Schule erster Klasse

– Nonverbale Kommunikation im Unterricht –

Band 1 der „Klassen"-Trilogie

(Neuauflage von vormals „Ohne viele Worte")

D1665752

1

Originaltitel: ENVoY.
Your Personal Guide to Classroom Management.
Originalverlag: Michael Grinder & Associates, 1993
16303 NE 259th St., Battle Ground, WA 98604

Impressum

Die Deutsche Bibliothek - CIP Einheitsaufnahme

Ein Titeldatensatz für diese Publikation ist
bei Der Deutschen Bibliothek erhältlich

Erstauflage: 2004, Bochum
2. verbesserte Neuauflage 2006, Köln

ISBN 3-931976-05-X

© Synergeia, Köln
Synergeia-Verlag
Sorako & Rudolf Schulte-Pelkum GbR
Rathenauplatz 8, 50674 Köln

Satz und Layout: Rudolf Schulte-Pelkum, Synergeia
Redaktion: Rudolf Schulte-Pelkum, Synergeia
Illustrationen: Polly Hobbs, Akira Onoe
Umschlaggestaltung: Akira Onoe

Druck: DIP, Witten

Vorwort der Übersetzerin

An das erste Mal, als ich Michael Grinder begegnete, erinnere ich mich noch genau: Es war ein Spätsommerabend 1988, ich stand kurz vor dem Diplom in Psychologie und hatte eine NLP-Practitioner-Ausbildung begonnen. Ich hatte mich bereit erklärt, bei seinem ersten Seminar in Deutschland zu dolmetschen. Mein erster Eindruck von dem erfolgreichen NLP-Trainer: eher klein, drahtig, sportlicher Typ, in Jeans und weißem Shetlandpullover, mit klaren, wachen Augen und sehr angenehmer, melodischer Stimme. Schon in den ersten Minuten des Kennenlernens löste sich meine anfängliche Aufregung und verwandelte sich in Faszination und Vorfreude auf das Seminar.

Michael Grinder beeindruckt in seinen Seminaren durch seine brillante, humorvolle Präsentation und seine absolute Kongruenz von Wort und Tat – er ist ein wirkliches Genie der nonverbalen Kommunikation. Die hohe Schule der Gruppendynamik beherrscht er wie kaum ein anderer. Mit seinem Koffer voller Requisiten begeistert er die Teilnehmer. Lachen fördert tiefe Atmung und bessere Durchblutung des Gehirns, und die Inhalte werden dann direkt im Langzeitgedächtnis gespeichert. „82 Prozent jeglicher Kommunkation sind nonverbal", sagt Michael – und was er sagt, das lebt er auch.

Konnte man bisher die „Schätze" der nonverbalen Pädagogik nur in Seminaren entdecken, eröffnet das Erscheinen dieses Buches und der Begleitvideos nun die Möglichkeit, die vielen Fertigkeiten und Techniken für den Unterrichtsalltag auch autodidaktisch oder gemeinsam mit Kolleginnen und Kollegen zu erlernen. Das Buch ist als „kinästhetisches Arbeitsbuch" angelegt und fordert zum sofortigen Ausprobieren heraus. Sein Ziel ist, „Mikrofertigkeiten" zu vermitteln, einfache, praktikable Techniken, die jeder Lehrer, Trainer oder Dozent direkt im Alltag üben und einsetzen kann. Michael Grinder besticht durch Einfachheit: „Mich kümmern keine großen Visionen, wenn sie nicht in die Tat umgesetzt werden. Mich interessiert, ob ein Mensch das, was er als wichtig und richtig erkannt hat, auch in seinem Leben verwirklicht."

Was oberflächlich betrachtet als perfekte Technik erscheint, läßt beim näheren Hinsehen und Erleben eine von Mitgefühl und Demut geprägte Grundhaltung erkennen. Aus Michaels persönlicher Lebensgeschichte als „Problemschüler" erwächst die Leidenschaft zu tun, was getan werden will. Anstatt Techniken zum Überleben im „pädagogischen Alltagskampf" zu schaffen, beruht sein neuer Ansatz darauf, Beziehungen herzustellen, die auf Vertrauen und Einfluß gründen. Dies erschließt neue Ressourcen und Fähigkeiten der Menschen, mit denen man arbeitet; so *unterstützt* man sie dabei, zu lernen und sich zu entfalten. Das Lernen findet auf drei Ebenen statt: auf der Ebene der Inhalte und Fertigkeiten, auf der des gruppendynamischen Prozesses und auf der höchsten Ebene der „Erlaubnis". Erlaubnis *(permission)* ist auch in diesem Buch ein Schlüsselthema. Ich kann dem anderen nur etwas geben, wenn ich von ihm die Erlaubnis habe. Der andere wird es nur annehmen, wenn er genügend Sicherheit und Vertrauen hat.

Über Michael Grinders Arbeit zu *lesen* ist nahezu paradox: Wie kann man nonverbale Kommunikation beschreiben? Eigentlich muß man ihn sehen, erleben und seine Fähigkeiten selbst erlernen. Und doch läutet dieses Buch einen Paradigmenwechsel ein: Es rückt die Beziehung zwischen Lehrer und Schüler in den Mittelpunkt: Die Entwicklung partnerschaftlicher Beziehungen, in denen beide Seiten gewinnen (*win-win*-Beziehungen), ist die Voraussetzung für eine wirkungsvolle Vermittlung des Lernstoffes, ist Bedingung dafür, daß Schüler lernen. Gleich einem wohlsortierten Werkzeugkasten bietet *Schule erster Klasse* konkretes Handwerkszeug zum Umgang mit schwierigen Unterrichtssituationen. Zugleich beginnt mit diesem Buch eine Vision zu leben: das kollegiale Coaching-Modell.

Michael Grinder gibt Raum zum Lernen und Entdecken. Er ermutigt die Leser, die problematischen Situationen zuerst einmal „auf die nicht empfohlene Weise", sprich: mit herkömmlichen Mitteln zu beantworten. Dadurch verliert man die Angst davor, Fehler zu machen und sich zu blamieren, und zweitens findet man heraus, was nicht funktioniert, und ist für den „Ernstfall" vorbereitet. Probiert man dann die „empfohlene Weise", hat man sofort Erfolgserlebnisse.

Vielleicht sind Sie, liebe Leserin, lieber Leser, nun gespannt darauf, die Fertigkeiten kennenzulernen (oder wiederzuentdecken, was Sie selbst schon erfolgreich tun). Geben Sie sich die Erlaubnis, zu lernen und zu entdecken, was wirkt, und genau das zu übernehmen, was Sie für Ihren Unterricht gebrauchen können.

Abschließend möchte ich Gail Grinder für ihre liebevolle Unterstützung danken. Und schließlich danke ich Michael, meinem wichtigsten Lehrer, Mentor und Freund, dafür, daß er mir die Chance gab, von ihm zu lernen, und daß er mich bei weitreichenden Entwicklungen und Veränderungen meines beruflichen und persönlichen Lebens unterstützt hat.

Gabriele Dolke-Ukat

Widmung

Für meine Mutter und meinen Vater. Wie es das Lied besingt: „Ich bin nur ein lebendes Vermächtnis..." meiner Eltern, denn der eine gab mir die Begeisterung und die Kühnheit zu glauben, daß ich etwas zu geben habe, und die andere war mir ein Vorbild des sanften Geschlechts.

Und ich widme dieses Buch auch meinen anderen Verwandten und Freunden, die so sehr an Gail und mich glaubten, daß sie unsere finanzielle und emotionale Nabelschnur bildeten, als wir vom Lehren zum „Unternehmertum" wechselten.

Wir werden es stets zu schätzen wissen.

5

Danksagung

Dieses Buch ist eine präzise Aufschlüsselung der Muster, die dem gekonnten und anscheinend so leicht aussehenden nonverbalen Umgang mit anderen Menschen im Bildungsbereich zugrunde liegen. Als solches ist es keine Erfindung, sondern basiert auf Erkenntnissen, die durch langjährige Beobachtungen gewonnen wurden. Es folgt eine Liste der Personen, die mir geholfen haben, dieses detaillierte Entschlüsseln zu ermöglichen:

Judith DeLozier und John Grinder – meine Mentoren, die mich im Sehen und Hören geschult haben.

Carol Cummings, Robert Garmston, David Lundsgaard, Kate McPherson, Gary Phillips und Dennis Westover – dafür, daß sie mich in die Methoden des Coaching und der Erziehungsberatung eingeführt haben.

Cheryl Livneh – für ihre Klugheit, mit der sie mich zum Coaching und Lernen in Form des Praktikums ermutigte.

Ron Rock – für seine sanfte Hilfe zu meiner Einsicht in die Notwendigkeit, eine professionelle Lektorin mit der Endredaktion zu beauftragen.

Patty Kellogg – dafür, daß sie mir half, über die Kommunikation nur mit mir allein hinauszuwachsen.

Paula Bramble – unsere „Computerschutzheilige".

Thomas Grinder – dafür, daß er mich gelehrt hat, wie ich mich vertreten lassen und somit bei Gail daheim bleiben kann.

Richard Anderson, Barbara Lawson und Diane McIntosh – die bahnbrechende Arbeit als „Coach am Arbeitsplatz" leisteten.

Polly Hobbs – für den Buchtitel, die Illustrationen und ihre Inspiration.

Barbara Lawson – für umfangreiche konzeptionelle Überarbeitungen und die letzte Durchsicht.

Cathy Coffin, Janice Sayler und Ruth Vandercook – für ihre Arbeit als Lektorinnen.

David Balding, Amy Manning, Marla Ransom und Val Wilkerson – für ihre Hilfe bei der Suche nach Illustratoren.

Cristine Crooks & Gabriele Dolke – für konzeptionellen und inhaltlichen Input.

Joyce Patterson – für das Bereitstellen der Musik.

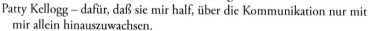

6

National Training Associates – die als Sponsor der staatlichen Anerkennung der **ENVoY**-Practitioner fungieren.

Den folgenden nationalen und internationalen Sponsoren und Unterstützenden: Susan Albert, Mary Ellen Brunaugh, Lindagail Campbell, O.J. Cotes, Diana Delich, Carol D'Souza, Henning Eberhagen, Jenny Edwards, David Halstead, Glenda Hutchinson, Bob Lady, Pat Lassanske, Margo Long, Linda McGeachy, Rudolf Schulte-Pelkum, Dr. Lindsey Smith und Marianne Thompson.

Und schließlich danke ich Gail Grinder, meiner privaten und professionellen Partnerin, die mich im Gleichgewicht hielt, so daß mein Enthusiasmus für das Projekt mit meinem Zuhause und meiner Familie im Einklang blieb. Danke für all die langen Stunden des Tippens, denn du glaubst an *unseren* Beitrag zu der Welt, die wir lieben – Erziehung und Bildung.

Die zweite Auflage von 1995 erfuhr besondere Unterstützung durch Suzanne Bailey, Ellen Douglass, Kaze Gadway, Amanda Gore, Gail Grinder, Nick Hinebaugh, Polly Hobbs, Michael Lawson, Joyce Patterson, Nancy Stout, Mary Yenik und Steve Zuieback.

Inhalt

Vorwort zur 1. Auflage

Erfindungen, die die Welt verändern

Im Henry Ford Park, außerhalb von Dearborn im Staate Michigan, gibt es eine Huldigung für Henry Fords engen Freund, Thomas Edison. Wenn Sie eine Führung mitmachten, könnten Sie entdecken, daß Edison genauso viel aus dem lernte, was nicht funktionierte, wie aus der Erfindung selbst. Er kannte kein Versagen, für ihn gab es nur Feedback. Am Ende der Führung durch die Ausstellung von Edisons Erfindungen, von der Glühbirne bis zum Telefon, kommt meist die Frage: „Was war Edisons wichtigste Entdeckung?"

Nachdem die sieben größten Geschenke Edisons an die Menschheit genannt worden sind, fragt die Gruppe vielleicht den Führer: „Tja, und was ist nun sein stolzester Beitrag?" Worauf die überraschende Antwort folgt: „Sein Labor – die Basis all seiner Erfindungen."

Edisons Erfindungen haben unsere Einstellung zur Technik und unsere täglichen Gewohnheiten deutlich verändert. Genau wie Edisons Vorstellungen unsere alltäglichen Gewohnheiten verändert haben, so kann auch dieses Handbuch Ihren Unterricht verändern und Sie auf eine neue Ebene führen.

Ein Wort zum Titel: Im Englischen wurde aus zwei Gründen für dieses Werk **ENVoY*** gewählt: Die Großbuchstaben E N V Y stehen im Englischen für *Educational Non-Verbal Yardsticks* – (etwa: Maßstäbe für eine nonverbale Pädagogik). Und zweitens ist ein *envoy* im Englischen ein Botschafter oder Gesandter, der in der Lage ist, eine bestimmte Kultur zu erklären und zu deuten, und zwar sowohl den eigenen Mitgliedern, als auch den Menschen, für die diese Kultur noch neu ist.

---

* Das Kürzel **ENVoY** ist seit der Veröffentlichung des Originals 1993 bei Insidern – auch im deutschen Sprachraum – bereits zum Synonym, zur gängigen Bezeichung dieses Werkes und seiner Methode geworden. Deshalb wird es – statt eines neuen, künstlich geschaffenen Kürzels – auch hin und wieder in diesem Buch verwendet. Es erscheint auch im Titel der parallel zu diesem Buch produzierten, im Anhang vorgestellten Videoserie. (A. d. Ü.)

11

Es ist uns ein Anliegen, die Neigung zum verbalen „Unterrichtsmanagement"*, das heißt zum verbalen Organisieren und Disziplinieren im Unterricht, zu verringern und gleichzeitig die Aufmerksamkeit auf die nonverbalen Botschaften zu erhöhen. Deshalb werden uns eine weibliche und eine männliche Maus sozusagen als Botschafter durch das ganze Buch begleiten. Diese Abgesandten werden uns immer daran erinnern, daß effektives Management heißt „*still* sein wie eine . . . . ".

Es gibt noch einen Grund dafür, daß die Maus unser Gesandter ist. Bei der Einführung des Computers, des Symbols unseres Informationszeitalters, waren sich alle in Bezug auf seine ungeheuren Möglichkeiten einig. Viele erkannten bald, wie wichtig es war zu lernen, mit dem neuen Werkzeug umzugehen. Gleichzeitig gab es aber auch starke Ablehnung wegen der komplizierten Handhabung. Erst die Erfindung der Maus machte den Computer zu einer benutzerfreundlichen Maschine. In diesem Sinne ist dieses Buch und seine Methoden unsere Maus, mit der wir unsere Managementfertigkeiten entwickeln und verfeinern können.

---

* Im Englischen ist *classroom management* ein feststehender Begriff. „Management" oder „managen" meint hier die Art des Umgangs (mit Schülern und anderen Lernenden), des Organisierens, Führens und Disziplinierens, die Art und Weise, wie man als Lehrer, Ausbilder, Dozent oder Trainer Lernprozesse und vor allem die Beziehungsebene gestaltet (A. d. Ü.)

12

Vorwort zur deutschen Neuauflage

Daß ENVoY auf festen Füßen steht, wird durch verschiedene Tatsachen unterstrichen. Die einzige inhaltliche Änderung, die in der zehnjährigen Geschichte des Buches durchgeführt wurde, war die neue Bezeichnung „Auf der anderen Seite des Raumes" für die Fertigkeit, die ursprünglich „Körper nah und Augen fern" hieß. Außerdem wurde das Werk nicht nur ins Deutsche, sondern auch ins Russische, Chinesische, Spanische und Italienische übersetzt, was zeigt, daß es offensichtlich einen Bedarf für dieses Buch gibt.

ENVoY, das 1993 herauskam, wurde aufgrund von 3000 Unterrichtsbeobachtungen geschrieben. Inzwischen habe ich weitere 3000 Unterrichtsbeobachtungen gemacht. Im Laufe der Zeit zeigten sich die Grenzen und zwei Schwachpunkte des vorliegenden Werkes.

- Die mit diesem Handbuch erlernbaren Fertigkeiten gewährleisten die Aufrechterhaltung der Beziehung zwischen der Lehrkraft und der Klasse als Ganzes oder der Lehrkraft und einem einzelnen Schüler. Es wurde niemals der Anspruch erhoben, gleichzeitig die Dynamik der Interaktion der Lehrkraft mit der ganzen Klasse und mit einzelnen Schülern abzudecken. Daraus ergeben sich zwei Probleme, die hier nicht erfaßt werden:
  - Was soll der Lehrer tun, wenn er sich mit einem einzelnen Schüler befaßt und dabei Gefahr läuft, daß der Rest der Klasse nicht ordnungsgemäß arbeitet oder sich möglicherweise fragt: „Ist der Lehrer jetzt fair?"
  - Und was soll der Lehrer tun, wenn er sich der ganzen Klasse zuwendet und entweder ein einzelner Schüler nicht ordentlich arbeitet oder aber sich fragt: „Was bedeutet das für mich?"

Aus diesen Entdeckungen der Gruppendynamik in Schulklassen entstand ein neues Buch: *A Healthy Classroom*, (deutsch: *Absolute Spitzenklasse – Gruppendynamik im Unterricht*).

- Es dauerte länger, bis sich der zweite Schwachpunkt zeigte. Als das Buch in den späten achtziger Jahren geschrieben wurde, galt die Annahme noch, daß der Lehrer wüßte, wie er Beziehungen zu den Schülern knüpft und daß es auch tatsächlich zu einer Etablierung solcher Beziehungen kommt. Aber die Zusammensetzung unserer Klassen hat sich verändert und wird sich auch noch weiter verändern. Die Rapporttechniken zur

Etablierung von Beziehungen wirken auch jetzt noch mit dem größeren Teil der Schüler, aber sie sind wirkungslos bei dem neuen, schwierigen Schülertyp, der die ganze Lernumgebung durcheinanderbringen kann.

Aufgrund dieser neuen Entwicklungen wird jetzt ein neues Buch geschrieben: *ENVoY II*, (deutsch: *Klasse statt Masse – Umgang mit schwierigen Schülern*). Hiermit wird der Lehrkraft ein Werkzeug in die Hand gegeben, mit dieser wachsenden Zahl von schwierigen Schülern Beziehungen zu knüpfen. Das Thema des Buches ist eine Analogie aus der Tierwelt: Der Unterschied zwischen Hunden und Katzen ist zu Genüge bekannt. Niemand erwartet von einem Hund, daß* er sich wie eine Katze benimmt und umgekehrt weiß man, daß eine Katze sich nicht wie ein Hund verhalten wird. Hunde sind von Natur aus äußerst anpassungsfähig, während Katzen dies nur in einem sehr geringen Ausmaß sind. *Klasse statt Masse* leitet die Lehrkraft dazu an, die eigene Intuition über den Umgang mit Tieren auf den Umgang mit den Schülern zu übertragen. Die große Veränderung ist, daß wir mehr und mehr *Katzen* in unseren Klassen haben, und ihre Zahl wird noch weiter steigen. Historisch gesehen sind wir als Lehrer mit allem ausgestattet, um mit den *Hunden* in unseren Klassen Beziehungen an-zuknüpfen. Daher müssen wir uns mit neuen Werkzeugen ausstatten, um auch mit den *Katzen* Beziehungen zu etablieren.

Trotz all dieser neuen Erkenntnisse bleibt *Schule erster Klasse* die wichtige Grundlage der „*Klasse*"-*Trilogie*. Mit dieser vollständig überarbeiteten und erweiterten Neuauflage werden die bewährten Fertigkeiten dieses Klassikers besser an die Schulsituation in den deutschsprachigen Ländern angepaßt*, verständlicher dargestellt und somit auch leichter umsetzbar gemacht.

Michael & Gail Grinder
Dezember 2003

———————————————
* Anmerkung des Herausgebers zur Rechtschreibung
Dieses Buch wendet sich an Lehrerinnen und Lehrer, die sicherlich überzeugterweise oder auch gezwungenermaßen Verfechter der neuen Rechtschreibung sind. Die Rechtschreibreform wurde eingeführt mit dem Anspruch, das Schreiben einfacher und besser zu machen. Dies ist meiner Meinung nach nicht gelungen. Zum Zeichen, daß die neue Rechtschreibung einer dringenden Überarbeitung bedarf, wird dieses Buch wie auch alle anderen Veröffentlichun-gen von Synergeia bewußt in der alten Rechtschreibung gesetzt, in der Hoffnung, daß dem deutschen Sprachraum innerhalb der nächsten 50 Jahre eine wirklich gute Rechtschreibreform widerfahren wird, die ihren Namen auch verdient hat. — Und sollten Sie wirklich einen Widerstand gegen die vorliegende Schreibweise verspüren: Stellen Sie sich vor, welche Form dieses Buch hätte, wenn es zum Beispiel vor zehn Jahren erschienen wäre.

Rudolf Schulte-Pelkum

14

Einleitung

Unbeabsicht sind wir in den Einfluß der Macht verliebt,
doch sollten wir die Macht des Einflusses lieben.
ENVoY

Als Pädagogen sind wir schon immer Ersatzeltern gewesen, aber heutzutage sind wir für einige Schüler die einzigen erwachsenen Rollenmodelle. Zunehmend verschaffen sich diese Schüler Aufmerksamkeit um jeden Preis. Für sie ist negative Aufmerksamkeit immer noch besser als überhaupt keine Aufmerksamkeit. Wie beeinflußt dies unsere Art des Umgangs mit Schülern und unsere Art, die Klasse zu „managen"?

Mehr denn je brauchen Kinder heutzutage konsequente und faire Maßstäbe und Regeln, während es gleichzeitig genauso wichtig ist, eine gute Beziehung zwischen Lehrer und Schüler zu bewahren. Früher konnte ein Lehrer aus einer Machtposition heraus disziplinieren, um Regeln durchzusetzen. Eine zunehmende Anzahl unserer Schüler ist jedoch nicht motiviert, sich angemessen zu verhalten und im Unterricht zu lernen, wenn wir die alte autoritäre Methode der **Macht** benutzen.

Wenn wir aufhören, aus einer Machtposition heraus zu handeln und anfangen, Beziehungen aufzubauen, die sich auf **Einfluß** gründen, können wir beginnen, diese Art von Schülern zu verstehen und Wege finden, sie dazu zu führen, daß sie sich angemessen verhalten und lernen. Die **ENVoY**-Methode basiert auf **Einfluß**. Sie gewährleistet und bewahrt respektvolle Beziehungen. Ein Meister unserer Kunst machte kürzlich die Bemerkung:

Bevor Schüler sich darum kümmern, was Sie wissen,
müssen sie wissen, daß Sie sich um sie kümmern.

Dieses Buch erstreckt sich in seinen Konsequenzen weit über den Klassenraum hinaus auf ein viel größeres Gebiet. In der Vergangenheit war es üblich, Lehrer aufgrund der Annahme zu entlohnen, daß kluges und umsichtiges Handeln aus Erfahrung und Wissen entstehe. Wenn dies wahr wäre, würde ein Magistertitel jemanden zu einem besseren Lehrer machen, und unsere Universitätsprofessoren wären die besten Kommunikatoren. Daß auf institutioneller Ebene nach dieser Prämisse gehandelt wird, erkennt man daran, daß die Höhe des Gehaltes nach der Berufserfahrung und nach den (Hoch-schul-)Abschlüssen bemessen wird, die jemand vorzuweisen hat. Jedoch ist Wissen nicht dasselbe wie effektives Vorstellen von neuem Stoff, und Erfahrung führt zu Gewohnheiten, die sowohl gut als auch schlecht sein können. Vor kurzem entdeckte ich ein Schild, dessen Text den in diesem Buch beschriebenen Paradigmenwechsel in gewisser Weise zusammenfaßt:

Übung macht nicht den Meister,
Übung macht beständig...

Bringt uns unsere berufliche Erfahrung die Beständigkeit, die wir uns wünschen? Wir müssen unseren Blick über die Ebene des **Inhalts**, dessen, **was** wir unterrichten, hinaus auf die Ebene des **Prozesses** richten, nämlich auf die Art und Weise, **wie** wir unser Wissen vermitteln. Die von der NEA (National Education Association – der Berufsverband der Lehrer in den USA) veröffentlichten Studien zeigen, daß 82% jeglicher Kommunikation des Lehrers aus nonverbalen Botschaften bestehen. Aus Tradition haben wir bisher den Schwerpunkt auf die verbale Ebene gelegt.

Wie diese Ergebnisse der angewandten Forschung zeigen, ist der systematische Einsatz von nonverbalen Botschaften die wichtigste Fähigkeit jedes Pädagogen. Indem wir das ganze Spektrum nonverbaler Fertigkeiten nutzen, die in diesem Buch zu finden sind, können wir lernen, kunstvoll und mit Finesse zu managen und so die starke, von **Einfluß geprägte Beziehung** zu unseren Schülern zu pflegen. Dieses Buch wird Sie dabei in zweierlei Hinsicht unterstützen: Erstens stellt es die Strategien dar, mit deren Hilfe man zum Meister des nonverbalen Managements wird, der Disziplinierung und des nonverbalen Umgangs mit Schülern, während man zugleich die Beziehung schützt und bewahrt; und zweitens beinhaltet es Vorschläge zur kollegialen Unterstützung im Berufsalltag.

Das Pendel professioneller Fortbildung und Weiterentwicklung schlägt mehr und mehr in Richtung des kollegialen **Coachings** aus. Zu Anfang wurde behauptet: Wenn ein Kollege einen anderen in seinem Unterricht besuchen könnte, um ihn zu beobachten, zu unterstützen und Vorschläge zu machen, so würde letzterer dadurch kompetenter. In den Schulen, in denen dieser Wunsch nach kollegialem Feedback zur allgemeinen Praxis wurde, schien es, als wäre dieses Coaching zum Medium für die professionelle Weiterentwicklung geworden. Das Kollegium war begeistert. Allerdings nahm die Beteiligung der Kollegen mit der Zeit ab. Eine genauere Untersuchung brachte ein interessantes Muster ans Tageslicht: Der beobachtete Lehrer wollte gern weiterhin die Rückmeldung des Kollegen haben, aber der Coach scheute, die Einladung zum Beobachten anzunehmen. Es wurde erkannt, daß es nicht das Coaching als solches war, das den Unterschied ausmachte, sondern die Fähigkeiten des Coaches und das Ausmaß, in dem er sich dabei wohlfühlte. Mindestens auf zwei Ebenen sind Fähigkeiten erforderlich: Erstens muß man wissen, worauf man beim Beobachten zu achten hat und zweitens muß man wissen, wie man respektvolles Feedback gibt. In diesem Sinne eröffnet Teil I dieses Buches Möglichkeiten zur Selbstbeobachtung und Reflexion, während Teil II strukturiertes Beobachten und wertfreies Feedback vermittelt. Das Buch bietet somit ein Modell für respektvolles und ökologisches Verstärken von Fertigkeiten zum nonverbalen Management, zum nonverbalen Umgang mit Lernenden.

Der große Barde Shakespeare hätte vielleicht rhetorisch fragen können: „Welchem Quell entspringt die Weisheit unseres Standes?" Die Antwort lautet: Aus unseren kollektiven, einsichtsvollen Reflexionen über unsere Erfahrungen. Es ist absolut notwendig, die Schätze, die hinter unseren verschlossenen Klassentüren verborgen sind, miteinander zu teilen, und der Weg zu diesem Ziel führt über freiwilliges, kollegiales und strukturiertes Beobachten und wertfreies Feedback. Wenn wir den Unterricht unserer Kollegen besuchen, wird uns dies befähigen, den Prozeß-„Wald" von den Inhalts-„Bäumen" zu unterscheiden. Unsere gemeinsame Weisheit bezüglich des Unterrichtsmanagements sowie die Fähigkeit, Schüler durch positive Beziehungen zu beeinflussen, liegt in Ihrer Hand. Dies sind die Voraussetzungen für effektives Unterrichten.

Übrigens, die dritte Zeile des vorhin erwähnten Schildes, die den Paradigmenwechsel vervollständigt, lautet:

...perfekte Übung macht den Meister.

Michael & Gail Grinder
Juli, 1993

So können Sie mit der ENYoY-Methode arbeiten

Die Tatsache, daß man sich der Ergebnisse der angewandten Forschung über nonverbale Kommunikation im Unterricht bewußt ist, führt bei den meisten Lehrern noch nicht dazu, daß sie ihre Gewohnheiten verändern. Hier setzt die ENVoY-Methode mit der ausgereiftesten Art professioneller Entwicklung an: Praktische Übungen, die Sie allein machen können (Teil I) und Coaching unter Kollegen (Teil II).

Aufbau der Kapitel:
Es gibt vier Phasen einer Unterrichtsstunde, in denen „Management"-Techniken eingesetzt werden:
• Aufmerksamkeit gewinnen
• Unterrichten*
• Übergang zur Stillarbeit
• Stillarbeit.

Um die Zuordnung der zu diesem Buch gehörigen Arbeits- und Beobachtungsblätter zu den hier beschriebenen Phasen zu erleichtern, sind diese Blätter ebenso wie die relevanten Stellen im Buch jeweils durch ein Logo in der unteren Ecke der Seite gekennzeichnet.

| Aufmerksamkeit gewinnen | Unterrichten | Übergang zur Stillarbeit | Stillarbeit |

Da in diesen vier Lernphasen mehr als 30 Fertigkeiten eingesetzt werden, sind die Kapitel so aufgebaut, daß Sie Schritt für Schritt zur Meisterschaft geführt werden. In jedem Kapitel gibt es einen Überblick über die Fertigkeiten sowie Hinweise, auf welche Klassenstufen sich die Arbeitsblätter beziehen.

---

*„Unterrichten" ist hier im engeren Sinne gemeint: als Lehren, Vortragen, Darstellen, Präsentieren des Stoffes durch die Lehrkraft, im Unterschied zur Gruppen- oder Einzelarbeit. (A. d. Ü.)

Teil I: Grundlagen für die Arbeit an sich selbst
Die Kapitel 1 bis 5 umfassen praktische Übungen. Sie werden selbst am besten wissen, welche Übungen Sie mehrmals wiederholen möchten, bevor Sie zur nächsten Fertigkeit übergehen. Seien Sie anspruchsvoll genug zu erkennen, daß eine Gewohnheit sich erst dann bildet, wenn man eine Technik zwischen sechs- und zwanzigmal durchführt. Glücklicherweise haben wir die Möglichkeit, diese Methoden mehr als hundertmal pro Woche einzusetzen.

Kapitel 1: Umfaßt die sieben Hauptfertigkeiten aus allen vier Unterrichtsphasen. Dies wird eine sofortige Verbesserung Ihrer Anwendung von nonverbaler Kommunikation im Unterricht gewährleisten. Lesen und üben Sie dieses Kapitel als allererstes.

Kapitel 2 bis 5: Diese Kapitel befassen sich mit den nonverbalen Fertigkeiten in den vier Lernphasen. Wenn Sie Kapitel 1 abgeschlossen haben, können Sie unabhängig von der Reihenfolge jedes dieser Kapitel auswählen, was immer für Sie und Ihre besondere Situation am meisten Sinn macht.

Teil II: Coaching
Kapitel 6 bis 10 entsprechen den ersten fünf Kapiteln, allerdings diesmal im Hinblick auf die Beobachtung durch einen Kollegen. Nachdem Sie eine ausgewählte Fähigkeit genügend geübt haben, laden Sie eine Kollegin oder einen Kollegen ein, um Sie bei der Anwendung dieser Fertigkeit zu beobachten.

Unterschiedliche pädagogische Arbeitsfelder
Nicht alle Fertigkeiten sind für alle Lehrergruppen gleichermaßen von Bedeutung. Für Klassenlehrer wird das gesamte Buch von Interesse sein. Hochschulprofessoren und -dozenten werden sich mehr zu den Fertigkeiten hingezogen fühlen, die sich auf die ersten zwei Phasen beziehen: **Aufmerksamkeit gewinnen** und **Unterrichten**. Lehrer der Sekundarstufe I und II sowie Fachlehrer werden die Kapitel 1 bis 3 und 6 bis 8 besonders schätzen sowie einige Teile aus den anderen Kapiteln.

Bei manchen Fertigkeiten beziehen sich die Beispiele auf eine bestimmte Klassenstufe. Sie werden selbst am besten wissen, wie Sie sie für die Bedürfnisse Ihrer eigenen Schüler modifizieren können.

Videotraining:
Zusätzlich zu diesem Buch steht Ihnen eine dreiteilige Videoserie zum Kauf zur Verfügung: *ENVoY – nonverbale Maßstäbe für ein positives Lernklima.* Video 1 gibt einen Überblick über die „Sieben Schätze" und entspricht somit Kapitel 1. Video 2 und 3 demonstrieren die übrigen in diesem Buch vermittelten Fertigkeiten anhand von Beispielen. Die Aufnahmen wurden während eines Trainingseminars gedreht und geben genaue Anleitungen, wie Sie die einzelnen Fertigkeiten allein oder mit Kolleginnen und Kollegen ausprobieren und systematisch üben können. (Nähere Informationen hierzu im Anhang S. 222.) Einige besonders wichtige Ausschnitte befinden sich auch auf der beigefügten CD.

Arbeits- und Beobachtungsblätter
Zu jeder in diesem Buch beschriebenen Fertigkeit gibt es Arbeitsblätter zum Ausdrucken im PDF-Format. Sie haben das Recht, diese beliebig oft zu Ihrer eigenen Verwendung auszudrucken. Beim Lesen dieses Buches werden Sie vielleicht denken, daß die beschriebenen Inhalte an und für sich sehr einfach sind. Aber es geht nicht darum, die einzelnen Fertigkeiten nur verständnisvoll nickend im Kopf zu verstehen, sondern sie sich so zu eigen zu machen, daß sie im Bedarfsfall nahezu automatisch ablaufen. Dies kann nur durch Üben, Üben und wieder Üben erreicht werden. Zum Erreichen der Meisterschaft führt kein Weg an den Arbeitsblättern vorbei.

Copyright und Vervielfältigung
Sie werden gebeten, die Originalität des Autors und das Copyright des Verlags zu respektieren und allen interessierten Pädagogen den Kauf eines eigenen Buches zu empfehlen. Schulen, die dieses Modell für die berufliche Weiterbildung ihrer Kollegien verwenden möchten, können sich bezüglich der Gewährung von Mengenrabatt an Synergeia wenden. Bei Bedarf kann Synergeia Unterstützung leisten, auf welche Weise die Pädagogen an Ihrer Schule trainiert werden können, um ihre Fertigkeiten an andere weiterzugeben und sie zu coachen.

Aus-, Fort- und Weiterbildungsinstitute mögen sich ermutigt fühlen, dieses Buch als Handbuch für die professionelle Entwicklung einzusetzen. Das, was die Ausbildenden davon direkt in die Tat umsetzen und ihren Lehramtskandidaten vorleben, spricht natürlich für sich selbst. Jedoch gilt auch, daß ein Wegweiser nicht an seinem Ziel gewesen sein muß, um jemandem den Weg dorthin zu weisen.

Bemerkung zur Verwendung der Geschlechter

Als Autor ist es mein Bestreben, das Lesen so leicht und flüssig wie möglich zu machen und zugleich sowohl die geneigten Leserinnen als auch die männlichen Leser so respektvoll wie möglich anzusprechen, das heißt, die männliche und die weibliche Form gleichberechtigt zu verwenden. Da es zu umständlich erschien, jedesmal *der Lehrer/die Lehrerin* und *er/sie* zu benutzen und die Form *der/die LehrerIn* noch nicht so ausgereift ist, habe ich mich wie folgt entschieden: Bei allen Fertigkeiten, die in den Phasen **Unterrichten** und **Stillarbeit** auftauchen, wird die weibliche Form „die Lehrerin" verwendet. In den Phasen **Aufmerksamkeit gewinnen** und **Übergang zur Stillarbeit** kommt die männliche Form „der Lehrer" zur Anwendung. Auf der Seite der Lernenden ist es genau umgekehrt. Alle Überschriften und Pluralformen stehen in der unmarkierten, das heißt der männlichen Form „die Lehrer", „die Schüler". Die Illustrationen zeigen mal eine Lehrerin, mal einen Lehrer.

Mäusequiz

Das Radar wurde erstmals im Jahre 1904 entwickelt. Wie lange dauerte es, bis es tatsächlich eingesetzt wurde?

Erläuterung der Fachbegriffe

Auditiv

Ein Wort, das sowohl den Lehr- als auch den Lernstil beschreibt. Auditive Schüler erinnern das, was sie *gehört* und worüber sie *gesprochen* haben. Ihre Neigung, unaufgefordert Kommentare und Diskussionen zu liefern, wird von Pädagogen als irritierend empfunden. Sie sind im täglichen Unterricht viel besser als bei Klassenarbeiten und Tests, da in der täglichen Arbeit die ursprünglichen Unterrichtsinhalte in der gleichen Reihenfolge vertieft werden, während das Gelernte bei Tests und Klassenarbeiten gewöhnlich in veränderter Reihenfolge abgefragt wird.

Auflösen & Atmen

Das Manöver am Ende des Disziplinierens, wenn Sie aus der vorherigen Körperhaltung gezielt und klar herausgehen (und den damit verbundenen mentalen Zustand auflösen) und gleichzeitig atmen. Dies ermöglicht sowohl der Lehrperson als auch dem Schüler, die Disziplinierung zu vergessen (Amnesie), so daß sich alle auf den noch anstehenden Lernstoff konzentrieren können. Sprechen Sie danach leiser und langsamer als vorher.

Dissoziiert

Nicht in Kontakt mit den eigenen Gefühlen sein. Eine gute Strategie für stressige Zeiten, besonders beim Disziplinieren, da der Lehrer dann in der Lage ist, die angemessene Länge und Vehemenz der Intervention zu bestimmen.

Einflußansatz

Ein Stil des Disziplinierens und Umgehens mit den Schülern, bei dem die Lehrperson *indirekt* auf den Schüler zugeht. Sie nähert sich zum Beispiel dem Schüler von der Seite und richtet die Augen auf seine Arbeit. Sie atmet währenddessen entspannt und steht nicht so nah beim Schüler als wenn sie *Macht* einsetzen würde. Der Wert dieses Ansatzes liegt darin, daß der Schüler wahrscheinlich eher an seine Arbeit geht. Der Schüler glaubt, daß er folgsam ist, weil er es selbst will. Diese Vorgehensweise bewahrt die Beziehung zwischen Lehrer und Schüler. Die Pädagogik sollte sich diese Vorgehensweise unbedingt zu eigen machen.

Entgiften

Das Trennen der mentalen Zustände der Klasse, indem man sie systematisch mit bestimmten nonverbalen Attributen (etwa Plätzen im Raum) verbindet. Beispiele: für Disziplinieren und Unterrichten jeweils andere Plätze im Raum verwenden; Trennen zwischen Berufstätigkeit und Privatleben.

Hemisphärentheorie

Die Lehre von der Funktionsweise der beiden Gehirnhälften. Die *linke* Seite gilt als logisch, sequentiell, realitätsorientiert und hat einen inneren Fokus. Schüler mit dieser Präferenz lernen am liebsten, indem sie Beispiele an der Tafel sehen und nachahmen. Dies ist die Art und Weise, wie in der Schule meistens vorgegangen wird. Die *rechte* Seite des Gehirns funktioniert wie nach Zufall, sie ist kreativ und impulsiv; dies ist der Stil von kinästhetischen Schülern. Schüler mit diesem Denkstil sind taktil orientiert. Sie lernen gut durch Selbstmachen, durch Projekte, bei denen sie mit anfassen und mitgestalten können, durch Bewegung und Berührung; sie knüpfen ihre Erinnerung an bestimmte Plätze im Raum, usw. Obwohl wissenschaftlich nicht mehr gestützt, ist die Hemisphärentheorie ein nützliches Modell, das unterschiedliche Lernverhalten der Schüler zu erklären.

Kinästhetisch

Kann sowohl den Lehr- als auch den Lernstil beschreiben. Kinästhetische Schüler lernen am liebsten durch Bewegung und Berührung. Die Schule ist für sie oft zu statisch. Sie lieben es, unterhalten zu werden und sie treffen ihre eigene Wahl. Dies sind die Schüler, die von Lehrern am häufigsten zur Ordnung gerufen oder bestraft werden.

Linkshemisphärischer Schüler

Siehe Hemisphärentheorie

Machtansatz

Ein Stil des Disziplinierens, bei dem die Lehrperson *direkt* auf den Schüler zugeht, der sich unangemessen verhalten hat. Dabei geht sie von vorne auf den Schüler zu und schaut ihm in die Augen. Sie atmet flach und gestreßt und tritt sehr nahe an den Schüler heran. Die Schwäche dieser Vorgehensweise ist, daß der Schüler oft von seinem *abgelenkten Zustand* nur in eine Art *Leerlauf* geht, anstatt wieder *an seine Aufgabe* zu gehen. Der Schüler gehorcht nur wegen der Vorgehensweise der Lehrkraft und wird dabei *negativ* verstärkt. Vgl. *Negative Verstärkung, Einflußansatz.*

NEA

National Education Association, der größte Berufsverband der Lehrer in den USA. Eines der dort veröffentlichten Forschungsergebnisse besagt, daß 82% der gesamten Kommunikation eines Lehrers aus nonverbalen Botschaften besteht (Patrick Miller in *Nonverbal Communication*, ein Beitrag aus der Reihe, *What Research says to the Teacher* (Was die Forschung dem Lehrer sagt), Washington D.C.: National Education Association, 1981).

Negative Verstärkung

Wenn Lehrer Schüler wegen unangemessenen Verhaltens korrigieren, erleben die Schüler im Grunde dadurch Kontakt. Schüler, die zu Hause nicht genügend Kontakt mit Erwachsenen haben, suchen unwillkürlich jeglichen Kontakt, und sei er auch negativ. Der Lehrer verstärkt dadurch unabsichtlich das negative Verhalten. Dies ist oft die Schwäche des *Machtansatzes*.

NLP

Das Neurolinguistische Programmieren, ein Kommunikationsansatz, der von John Grinder und Richard Bandler entwickelt wurde. Er basierte auf einem psychologischen Modell. NLP wurde ursprünglich als eine Sammlung von Vorannahmen und Fertigkeiten gelehrt, die primär für den Kontakt zwischen zwei Personen angewandt wurden. NLP in der Pädagogik, der Erziehung und Bildung (also NLP für Gruppen) besteht aus einer Vielzahl von Mustern, die von effektiven Lehrern, Ausbildern, Trainern und anderen angewandt werden; sie sind auf ein Gruppensetting, einen Unterrichtsraum zugeschnitten. Dieses Buch ist der erste Band in einer dreiteiligen Reihe, worin diese Muster im Detail dargestellt und vermittelt werden.

Pädagogisches Fernglas

Der Unterricht kann quasi durch einen pädagogischen Feldstecher betrachtet werden. Die ENVoY-Methode ist auf die Aspekte des Unterrichtsmanagements gerichtet. Die andere Linse, die auf das Curriculum gerichtet ist, ist dabei aber genau so wichtig. Eine Lehrkraft kann nur dann beim Disziplinieren erfolgreich sein, wenn sie den Schüler an die Arbeit bringen kann und der Schüler bei seiner Arbeit erfolgreich ist.

Problemschüler

Begriff, der auf das Viertel der Schülerpopulation zutrifft, das dafür anfällig ist, aus dem System herauszufallen. Es gibt bei diesen Schülern zwei Kategorien: diejenigen, die aus psychologischen und Reifungsgründen gefährdet sind, und diejenigen, die visuell nicht ansprechbar sind (zum Beispiel kinästhetische, rechtshemisphärisch orientierte oder betont auditive Schüler).

Rechtshemisphärische Schüler

Siehe *Hemisphärentheorie*

Rechtshemisphärische Tage

Tage, an denen die normalen Gewohnheiten des Schulalltags durchbrochen werden und die Schüler sich stärker kinästhetisch verhalten. Diese Tage treten meistens in der Woche vor den Winter- oder Sommerferien auf, an Projekttagen oder an dem Tag, an dem zum ersten Mal Schnee fällt, usw. An diesen Tagen sollte die Lehrperson die Hervorhebung der Lehrerrolle, den Lehrervortrag, neuen Stoff, Autorität und kritisches Denken *vermindern* und gleichzeitig die Gruppenprozesse verstärken, mehr Materialien einsetzen, keinen neuen Stoff durchnehmen, sondern vielmehr bereits Bekanntes wiederholen und den Rapport, die gute Beziehung zu den Schülern, *verstärken*.

Regieanweisungen zur Stillarbeit

Instruktionen, die man beim *Übergang zur Stillarbeit* für die *Stillarbeit* gibt. Es wird empfohlen, diese visuell darzustellen und solche Anweisungen, die man immer wieder benutzt, auf laminierte Schilder zu schreiben, um sie schneller zeigen oder aufhängen zu können.

Vakuumpause

Der Moment, in dem der Schüler die Konzentration auf eine Sache beendet, aber noch nicht auf die nächste konzentriert ist. Der Schüler befindet sich in einer Art „Schwebe"-Zustand; er ist zeitweilig in einer Art „Leerlauf".

Visuell

Beschreibt sowohl den Lehr- als auch den Lernstil. Visuellen Schülern fällt die Schule am leichtesten. Sie lernen, indem sie sich an das erinnern, was sie *sehen*. Sie haben die Fähigkeit, Informationen im Kopf neu zu sortieren; dies ist die Fähigkeit, die man braucht, um in Tests und Klassenarbeiten gut abzuschneiden. Sie neigen dazu, methodisch und schnell zu denken. Visuelles Unterrichten besteht unter anderem darin, alles sauber und ordentlich zu machen, Inhalte an der Tafel oder mit dem Projektor zu zeigen, vorzumachen, wie etwas zu tun ist, usw.

Visuelle Atmosphäre

Produktive Atmosphäre in der Klasse, vor allem in der Phase der Stillarbeit. Wird dadurch erzeugt, daß die Lehrkraft ihre Anweisungen visuell gibt und nonverbale Verhaltensweisen zeigt, die die Konzentration förden: nach Beendigung aller Ansagen eine Pause machen; mit leiserer Stimme sprechen, wenn man den Schülern hilft; langsam und ruhig im Raum umhergehen und minimale verbale und maximale nonverbale Kommunikation einsetzen.

Die vier Unterrichtsphasen

Teil I
Grundlagen für die Arbeit an sich selbst
Kapitel 1
Die sieben Schätze

Das rechte Wort mag wirksam sein,
aber nie war ein Wort so wirksam,
wie eine Pause zur rechten Zeit.
Mark Twain

Dieses Kapitel beschreibt die sieben wichtigsten Fertigkeiten zur Verbesserung Ihres Lehrstils in den folgenden vier Unterrichtsphasen: *Aufmerksamkeit gewinnen, Unterrichten, Übergang zur Stillarbeit* und *Stillarbeit*. Erst wenn Ihnen die hier beschriebenen Fertigkeiten zur Gewohnheit geworden sind, werden Sie auch von anderen Teilen dieses Buches profitieren. Einige Anwender dieses Handbuchs sind in der Tat mehr als zufrieden, wenn sie einfach nur diese Kompetenzen – *die Sieben Schätze* – erlernt haben.

Vielleicht sind Sie beim Lesen dieser Fertigkeiten versucht zu sagen: „Das ist doch simpel!" Gerade aber für den Schulbereich sollten Sie dem rein kognitiven Verständnis kritisch gegenüber stehen. Es ist nämlich nur eine Art Trostpreis; warum denn sonst sind Doktoren und Professoren nicht unbedingt die besten Kommunikatoren in der Lehre?

Sie brauchen keine dieser nonverbalen Fertigkeiten, wenn Sie eine „pflegeleichte" Klasse haben oder wenn Sie ohnehin „voll da" sind. In den folgenden Situationen sollten Sie diese Methoden jedoch bewußt zum Einsatz bringen:

Wann soll ich was anwenden?

- An schlechten Tagen, wenn Sie „nicht voll da" sind, damit Sie wissen, wie Sie sich wieder in den Vollbesitz Ihrer Fähigkeiten bringen können. Daher ist die **ENVoY**-Methode so angelegt, daß Sie beim Üben einer nonverbalen Fertigkeit zunächst die am wenigsten empfohlene Art ausprobieren sollten und dann erst die vorgeschlagene Methode. Dies hat zwei Vorteile: Sie gewinnen *Selbsterfahrung* und die Erkenntnis, wodurch sich ein Tag, an dem man „nicht voll da" ist von einem

„Voll-da"-Tag unterscheidet; an ersterem werden Ihre nonverbalen Reaktionen dadurch beeinträchtigt, daß Sie unter Streß stehen; ein Tag, an dem Sie „voll da" sind, zeichnet sich dadurch aus, daß Sie die hier beschriebene nonverbale Kommunikation einsetzen.

- Der zweite Fall, für den die bewußte Kenntnis dieser Techniken notwendig ist, liegt dann vor, wenn Sie jemand anders professionell unterstützen, also „coachen" wollen. Wie oft müssen wir als Ausbildende unseren geliebten Lehramtskandidaten, die völlig zu recht Tausende von Fragen stellen, die Antwort geben: „Ich weiß nicht, wie oder warum ich das heute gemacht habe! Es tut mir leid, daß ich Ihnen das nicht besser erklären kann."

Übersicht

Die sieben wirkungsvollsten Fertigkeiten stehen jeweils unter der Unterrichtsphase, in der sie typischerweise vorkommen. Diese vier Unterrichtsphasen sind in diesem Handbuch wie auch auf den ausdruckbaren Arbeits- und Beobachtungsblättern mit Symbolen gekennzeichnet.

Aufmerksamkeit gewinnen	Unterrichten	Übergang zur Stillarbeit	Stillarbeit
1. Körperhaltung einfrieren	3. Melden oder Zurufen	4. Regieanweisungen zur Stillarbeit	6. AUS / Leerlauf / AN
2. LAUTER (Pause) Flüstern		5. Die wichtigsten 20 Sekunden	7. Von Macht zu Einfluß

Haben Sie Geduld. Der „Mäusequiz" regt an, darüber nachzudenken, wieviel Geduld manchmal nötig ist, um eine Idee soweit zu entwickeln, daß sie tatsächlich Früchte trägt.

Die Kraft, mit der die *Sieben Schätze* Sie, oder besser gesagt, Ihre Schüler beeinflussen können, wird offenbar, wenn Sie die beiden folgenden fundamentalen Prinzipien lernen und üben:

Die systematische Anwendung nonverbaler Signale ist die Essenz meisterhafter Kommunikation.

Die wirkungsvollste nonverbale Fertigkeit ist die ...
PAUSE.

Arbeitsblätter

Man kann dieses Buch lesen und wird dadurch sicherlich viele interessante Einsichten gewinnen. Der eigentliche Sinn des Buches liegt aber darin, sich die hier beschriebenen Fertigkeiten anzueignen. Dies geschieht durch das Bearbeiten der Arbeitsblätter zum Ausdrucken, die ein unverzichtbarer Bestandteil dieses Hand- und Arbeitsbuches sind. Die Bearbeitung der jeweils empfohlenen Arbeitsblätter ist immer im äußeren Buchrand mit dem CD-Symbol und den Dateinamen, zum Beispiel A1-3 vermerkt. Dabei bedeuten der Buchstabe und die folgende Ziffer den Dateinamen, die nächste Zahl ist die Seitenzahl in der Datei. Sollten Sie es vorziehen, die Arbeitsblätter in ausgedruckter Form zu beziehen, wenden Sie sich bitte an den Verlag.

Videoclips

Auf der CD befinden sich auch einige Ausschnitte aus den Begleitvideos. Wenn immer eine der Grundfertigkeiten auf der CD als Videoclip erläutert ist, wird dies im Buchrand mit dem Filmsymbol und dem Dateinamen gekennzeichnet.

nicht
empfohlen

paßt die Gebärde dem Wort, das Wort der Gebärde an. (Shakespeare: Hamlet)

empfohlen

Eine angesehene Persönlichkeit aus dem Bereich Deutsch als Fremdsprache sagte einmal: „Ob es uns gefällt oder nicht: Es ist ein Segen, daß wir unsere ausländischen Studenten haben, die Deutsch lernen. Denn sie zwingen uns, das zu **tun, was wir sagen.** *Anstatt nur von ihnen zu verlangen, Stift und Papier herauszunehmen, müssen wir dabei einen Stift und Papier hochhalten. Und wenn wir wollen, daß sie mit etwas* **aufhören,** *müssen wir auch* **aufhören, uns zu bewegen.***"

30

Körperhaltung einfrieren

Die Eröffnung einer Stunde ist ein kritischer Moment, denn die Stimmung und die Erwartungen werden aufgebaut; daher ist wirkungsvolle Kommunikation hier besonders wichtig. Die traditionelle Art, die Aufmerksamkeit einer Klasse zu gewinnen, ist, daß der Lehrer darauf hinweist, daß es Zeit ist anzufangen. Die genaue Formulierung variiert je nach Klassenstufe und dem individuellen Stil des Lehrers.: „Kinder", „Dürfte ich um Aufmerksamkeit bitten", „Leute", „Hey kids", „N'Morgen zusammen", „Alle mal herschauen", usw. All das vermittelt verbal: „STOP - konzentriert euch nach vorn".

Folgende nonverbale Manöver des Lehrers unterstützen seine verbale Bemühungen, die **Aufmerksamkeit** der Schüler zu **gewinnen**:

- still stehen (daher der Name dieser Fertigkeit)
- vorn im Raum vor der Klasse stehen (der Platz der Autorität, den die Schüler auch mit Aufmerksamkeit verknüpfen)
- Füße parallel, Zehen zeigen nach vorn
- Gewicht auf beiden Füßen
- kurze mündliche Anweisungen

Was passiert, wenn eine Diskrepanz auftritt zwischen der verbalen Botschaft des Lehrers „STOP!" und seiner nonverbalen Kommunikation (wenn er sich selbst dabei bewegt)? Wenn Sie die Schüler bitten, das zu *stoppen*, was sie im Moment tun, werden sie zu Ihnen aufblicken. Wenn Sie selbst in diesem Augenblick durch die Klasse gehen, bemerken die Schüler, daß Sie sich selbst widersprechen, indem Sie sich weiter durch den Raum *bewegen*. Meist machen die Schüler dann einfach dort weiter, wo sie gerade unterbrochen wurden. Dies gilt besonders dann, wenn Sie Schülern bei der Einzelarbeit helfen und dabei erkennen, daß Sie die Aufmerksamkeit der ganzen Klasse brauchen, um eine bestimmte Frage noch näher zu erläutern. Sie mögen sich unter Zeitdruck fühlen und tun daher genau das, was Sie für den schnellsten Weg halten, die Aufmerksamkeit der Schüler zu gewinnen: Während Sie noch dabei sind, nach vorn zu gehen, versuchen Sie verbal schon, die Aufmerksamkeit der Klasse zu gewinnen.

Die hier vorgeschlagene Fertigkeit zeigt, wie Sie nonverbal Stille und Ruhe signalisieren, indem Sie die Körperhaltung einfrieren, während Sie verbal die Klasse um Aufmerksamkeit bitten. Die Forschung belegt, daß die nonver-

A1-1

bale Kommunikation wirkungsvoller ist. Um dies zu testen, sollten Sie das **Arbeitsblatt 1-1** auf der beigefügten CD-ROM ausdrucken und die dort vorgeschlagenen Übungen machen. (Weitere Fähigkeiten werden in Kapitel 2 unter *Körperhaltung einfrieren – Verfeinerungen* behandelt.)

Mäusequiz

Das Radar wurde erst 1939 eingesetzt – 35 Jahre nachdem es entdeckt worden war.

Der Reißverschluß wurde erstmals 1883 entwickelt. Wie lange dauerte es, bis er tatsächlich in den alltäglichen Gebrauch kam?

LA**U**TER (P A U S E) Flüstern

Um die Aufmerksamkeit einer Klasse zu gewinnen, kann der Lehrer zum Beispiel sagen: „LEUTE, alle mal herhören!" Die Lautstärke der eigenen Stimme sollte dabei knapp über der Klassenlautstärke liegen, also etwas LAUTER sein.

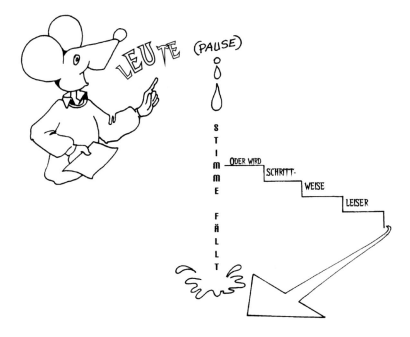

Wie immer Sie es auch machen – nachdem Sie mit einem kurzen Zuruf wie „LEUTE" die Aufmerksamkeit der Schüler auf sich gelenkt haben, machen Sie eine (P a u s e); dann senken Sie die Stimme und sprechen im Flüsterton.

LAUTER

(Pause)

Flüstern

Es gibt eine Vielfalt von Möglichkeiten, um die Aufmerksamkeit einer Klasse zu gewinnen. Einige passen für bestimmte Klassenstufen besser als für andere. Zum Beispiel kann der Lehrer einer dritten Klasse die Kinder per Händeklatschen zu etwas auffordern. Dies würde in einer neunten Klasse auf keinen Fall funktionieren. Eine der üblichsten Methoden ist, einfach zu sagen: „Leute, (Kinder, o.ä.) hört mal bitte her!" Die Lautstärke Ihrer eigenen Stimme sollte dabei knapp über der Klassenlautstärke liegen, also etwas **LAUTER** sein. Nachdem Sie die Aufmerksamkeit haben, machen Sie eine *(Pause)*; dann senken Sie Ihre Stimme und sprechen im *Flüsterton.*

Dieses Vorgehen schafft oder verstärkt eine Atmosphäre, in der die Schüler ruhig, aufnahmefähig und produktiv sind. Schreiben Sie sich ein Schild, das Sie an der hinteren Klassenwand aufhängen oder machen Sie sich eine Notiz, die Sie daran erinnert:

A1-2

LAUTER   *(Pause)*   *Flüstern*

Szenario eines „Horrortages"

Was tun, wenn die Schüler auf Ihre Worte nicht reagieren? Was macht man mit einer Klasse, die zu laut ist (wie an rechtshemisphärischen Tagen, zum Beispiel in der Woche vor den Ferien)? Wie schaffen Sie den Übergang, wenn die Schüler nicht reagieren?

V1

Man kann sich auf die kollektive Lautstärke in einem Klassenzimmer einstellen, sich gewissermaßen darauf kalibrieren. Wenn Sie ganz plötzlich etwas lauter einsetzen als die Schüler, wird die Klasse durch Ihre Stimme schockiert oder unterbrochen. Die Aufmerksamkeit der Schüler wird nach außen gelenkt, und die Wahrscheinlichkeit ist größer, daß sie zuhören.

Nachdem Sie nun die Lautstärke der Klasse im richtigen Maß übertroffen haben, indem Sie etwas lauter waren, haben Sie den kritischen Punkt erreicht, an dem Sie Einfluß ausüben können. Sie haben aber nur sehr wenig Zeit zur Verfügung, um die Klasse zum Inhalt zu führen. Zwei effektive Möglichkeiten stehen zur Auswahl:

1. Sie gehen **unvermittelt**, in einem einzigen Schritt zum Flüstern über:

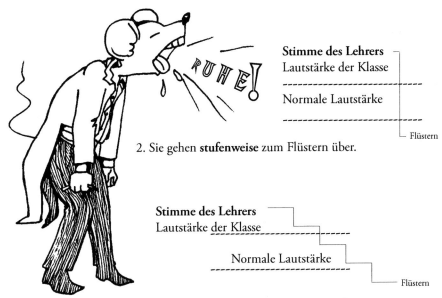

Stimme des Lehrers
Lautstärke der Klasse

Normale Lautstärke

Flüstern

2. Sie gehen **stufenweise** zum Flüstern über.

Stimme des Lehrers
Lautstärke der Klasse

Normale Lautstärke

Flüstern

Wenn Sie Ihre Stimme gut unter Kontrolle haben, können Sie den Übergang schrittweise vollziehen. Manchmal ist das Ihre einzige Rettung, aber diese Fertigkeit erfordert mehr Disziplin und Kontrolle, denn Sie müssen daran denken, daß Sie Ihre Stimmlautstärke nach und nach vom Lauten zur normalen Stimmlage bringen und dann immer leiser werdend bis zum Flüsterton kommen. Für die meisten Lehrer ist es leichter, direkt zum Flüstern zu gehen. Achten Sie bitte in beiden Fällen – ob Sie nun direkt oder stufenweise zum Flüstern übergehen – darauf, daß Ihre Sätze länger werden, indem Sie langsamer und in einem sanfteren Tonfall sprechen. So bringen Sie die Schüler eher zum Zuhören.

Wenn es stimmt, daß die beiden hier beschriebenen Vorgehensweisen wirkungsvoll sind, was machen Lehrer dann falsch, wenn es nicht funktioniert? Wir tun wahrscheinlich eins von zwei Dingen: Entweder wir machen keine Pause zwischen dem Teil des Lautersprechens (Beispiel: „Leute...") und unserer inhaltlichen Botschaft (Beispiel: „Schlagt bitte Seite 32 auf. Wir wiederholen für die Arbeit morgen.") oder wir sprechen weiterhin in der Disziplinierungslautstärke, wenn wir schon beim Inhalt sind. Dies beobachtet man oft bei Sportlehrern und Trainern. Das Schlimmste, was uns passieren kann, ist natürlich, daß wir keine Pause machen und weiter mit lauter Stimme reden.

A1-3

Melden oder Zurufen

Seit undenklichen Zeiten kennen wir das Sprichwort: „Ein Bild sagt mehr als tausend Worte." Die Schüler tun eher das, was wir selbst tun, als daß sie das tun, was wir ihnen sagen!

In der **Unterrichtsphase** einer Stunde wählt die Lehrerin aus, ob sie der Klasse etwas durch eigenen Vortrag vermitteln will oder in Form einer Interaktion zwischen Lehrerin und Schülern. Die Interaktion kann auf zweierlei Art erfolgen: Die Schüler können ihre Antworten direkt *in die Klasse rufen* oder sie können sich *melden* und warten, bis sie aufgerufen werden. Insgesamt gibt es also drei Formen des Erarbeitens von Stoff:

Lehrervortrag

Melden

Zurufen

Jede Form hat bestimmte Funktionen und Charakteristika.

Lehrervortrag: Die Lehrerin kann mehr Inhalt durchnehmen und hat meist mehr Kontrolle.

Zurufen: Diese Methode erweckt potentiell die größte Begeisterung bei den Schülern, aber die Wellen der Begeisterung können auch so hoch schlagen, daß die Kontrolle im Klassenzimmer schwierig wird.

Melden: Diese Form liegt irgendwo zwischen den beiden anderen. Die Kontrolle ist größer als beim Zurufen, aber geringer, als wenn die Lehrerin als einzige spricht. Andererseits ist die Begeisterung größer als beim Lehrervortrag und geringer als beim Zurufen. Ein deutlicher Vorteil dieser Mischform besteht darin, daß die Lehrerin die einzelnen Schüler überprüfen kann. Wie? Wenn die Lehrerin allein spricht, hat sie nicht die Gelegenheit herauszufinden, ob bestimmte Schüler mitkommen und den Stoff verstehen. Das Zurufen ist eine Aktivität, bei der die Schüler gut mit einbezogen werden, jedoch dominieren hier diejenigen, die schneller denken. Wenn man die Form **Melden** anwendet, bestimmt die Lehrerin die Zeitspanne, bevor die Antwort gegeben wird. Dies verlängert die „Wartezeit", was zur Folge hat, daß mehr Schüler die erforderliche Zeit haben, um nachzudenken und aufzuzeigen. Dann weiß die Lehrerin, welche Schüler den Stoff verstehen und mitkommen.

Drei Möglichkeiten zur Aktivierung dieser Unterrichtsformen
Es gibt drei Möglichkeiten, wie man jede dieser drei Formen einleiten oder
aufrechterhalten kann:

• **Verbal:**   Die Lehrerin kann verbal aussprechen, welche Form gerade dran ist.

• **Nonverbal:**   Die Lehrerin kann die Form durch Gestik verdeutlichen.

• **Impuls:**   Das Gesetz der Trägheit besagt, daß ein bewegtes Objekt
zur Fortsetzung der Bewegung neigt, ein ruhendes Objekt
zum Verharren. Es geht also um den Impuls. Die Anwendung dieses Prinzips auf die drei Formen bedeutet, daß ein
Muster, wenn es für eine gewisse Zeitspanne angewandt
wurde (sei es verbal, nonverbal oder durch beides eingeführt) die Tendenz hat, weiterhin zu wirken, selbst wenn
die verbale und die nonverbale Ebene weggelassen werden.

Tabellarisch dargestellt sehen diese drei Unterrichtsstile und Ebenen folgendermaßen aus:

MUSTER:	Lehrervortrag	Melden	Zurufen
Verbale Ebene	„Alle mal herhören." „Ich habe euch etwas zu sagen."	„Meldet euch, wenn…"	„Alle sind gefragt."
Nonverbale Ebene	Lehrerin zeigt mit einer Hand auf sich selbst, die andere Hand zum Stopsignal erhoben, wie ein Verkehrspolizist.	Lehrerin macht es vor, indem sie selbst die Hand hebt.	Lehrerin zeigt zwischen sich und der Klasse hin und her.
Impuls	Ergibt sich von selbst, wenn die Lehrerin dasselbe Muster mehrmals hintereinander benutzt hat.		

38

Vorschläge:

1. **Der sicherste Weg**, ein Muster einzuführen, besteht darin, daß man sowohl die verbale Ebene benutzt, als auch gleichzeitig eine entsprechende Geste einführt (modelliert). Jedesmal, wenn Sie zu einem anderen Muster wechseln, denken Sie daran, die verbale und die nonverbale Botschaft zusammen zu vermitteln.

2. **Die bessere Taktik** besteht darin, am Anfang mindestens zweimal hintereinander die verbale und die nonverbale Ebene zusammen zu benutzen und dann die verbale Ebene wegzulassen und nur noch das nonverbale Signal zu geben. Die nonverbale Ebene hat viele positive Auswirkungen: Die Klasse ist ruhiger, die Schüler werden mehr auf das Visuelle ausgerichtet, sie achten mehr auf die Lehrerin, und Ihre eigene Stimme steht ganz für den Inhalt oder für *positive Verstärkung* zur Verfügung.

3. **Die optimale Strategie** ist, vom Einsatz beider Ebenen (Nr. 1) zur Phase des Nonverbalen allein weiterzugehen (Nr. 2) und schließlich auch das nonverbale Signal wegzulassen und zu beobachten, daß die Klasse in den meisten Fällen den Impuls beibehält und weiterhin in dem eingeführten Reaktionsmuster bleibt.

4. **Vorsicht**, wenn Sie von der Form des *Zurufens* zu einer der beiden anderen wechseln; sprechen Sie leise, und bleiben Sie still stehen, wenn Sie eine der anderen beiden Formen, *Lehrervortrag* oder *Melden*, initiieren. Mit anderen Worten, bei der Anwendung des obigen Diagramms geht es leicht, wenn Sie von links nach rechts gehen, aber wenn Sie von rechts nach links wechseln, müssen Sie vorsichtig sein.

A1-4
A1-5
A1-6

Regieanweisungen zur Stillarbeit

Visuelle Information macht unabhängig

Ein wichtiger Indikator, daß sich unsere Gesellschaft von einer Welt der „Macht"
zu einer Welt des „Einflusses" hin bewegt, ist im englischen Sprachbereich
die vermehrte Verwendung des Ausdrucks **empowerment (Ausstattung mit**
(Voll)Macht; Befähigung; Bevollmächtigung). *Wenn wir Anweisungen nur*
mündlich geben, binden wir dadurch unbeabsichtigt die Schüler an uns, denn
wir sind die einzige Quelle der authentischen Information. Daher sollten wir alle
wichtigen Informationen visuell präsentieren. Visuell gegebene Informationen er-
ziehen zur Selbständigkeit, denn sie machen den Empfänger von der Informa-
tionsquelle unabhängig. Vor der Erfindung der Buchdruckerkunst war die Welt
abhängig von denen, die das Wissen besaßen. Der Buchdruck befreite das Volk
von dieser Abhängigkeit. Und wir wollen doch sicher, daß unsere Schüler auch
in den Genuß dieser Freiheit kommen.

    Dies ist eine der wichtigsten Fertigkeiten des ganzen Buches. Alle anderen
Fertigkeiten des Übergangs zur Stillarbeit und der Stillarbeit beruhen darauf,
daß die Regieanweisungen zur Stillarbeit visuell präsentiert werden.

Die Stunden der Grundschule und der Sekundarstufe I setzen sich meist aus Lehrervortrag oder Präsentation, Anweisungen zur Stillarbeit und der Stillarbeit zusammen. Ab der Sekundarstufe II wird der Unterricht meistens in Vortragsform gehalten und endet gewöhnlich mit Hausaufgaben. Für alle Stufen gilt: Die Anweisungen, die am Ende des Lehrervortrags gegeben werden, zeigen an, daß der Lehrer danach nicht mehr in dem bisherigen Maße zur Verfügung steht, daß er sozusagen von der Bühne abtritt. Wir bezeichnen diese Arbeitsanweisungen als *Regieanweisungen zur Stillarbeit.* Diese Anweisungen bestehen normalerweise aus ein bis drei Aufgaben. Eine Klasse in der Grundschule, die nur von einem Lehrer unterrichtet wird, könnte folgende *Regieanweisungen zur Stillarbeit* bekommen:

„Macht die Rechenaufgaben auf Seite 65, Nummer eins bis zehn. Alle Aufgaben bitte vorzeigen. Das muß heute fertig werden. Dann arbeitet an eurer Rechtschreibung: Kapitel 20, bis Freitag. Danach könnt ihr etwas lesen."

In der Sekundarstufe II (und den höheren Klassen von Sek. I) wird meist jedes Fach von einer anderen Lehrkraft unterrichtet. Ein Beispiel für die Regieanweisungen zur Stillarbeit könnte sein:

„Die Hausaufgaben für heute sind auf Seite 65, die Fragen eins bis zehn am Ende des Kapitels. Schreibt eure Antworten in ganzen Sätzen auf. Sie müssen bis morgen fertig sein. Denkt an die Klassenarbeit am Freitag. Sie zählt 25 Prozent bei der Zeugnisnote. Es wäre clever, sich mit den Themen ... zu befassen."

Die obigen Beispiele zeigen die Komplexität der *Regieanweisungen zur Stillarbeit.* Den meisten Schülern sind die einzelnen Aspekte der Anweisung klar. Sie fühlen sich jedoch manchmal von der Menge der Information erschlagen, vor allem, wenn die Anleitungen nur mündlich gegeben werden. Zeugnis dafür, wie verwirrend die mündliche Form der Anweisungen sein kann, ist die Erfahrung, daß häufig Schüler nach vorn kommen und wiederholt nach den genauen Einzelheiten fragen. Diese verstörten

Schüler leiten ihre Fragen oft ein mit: „Haben Sie gesagt, daß ...?" oder „Mit anderen Worten: Wir sollen...?" oder „Ich möchte wissen, ob ich das richtig verstanden habe; wir sollen also...?" Manchmal ist es ein Detail: „Wo sollen wir das hinlegen, wenn es fertig ist...?" Manchmal möchten wir den Schülern die Antwort am liebsten entgegenschreien, denn die Information, die sie suchen, ist für uns so offensichtlich. Dies gilt besonders dann, wenn der Lehrer schon seit Beginn des Schuljahres auf diese Weise vorgeht. Jemand hat einmal gesagt: „Lehrer sind Saisonarbeiter, deren Zunge als allererstes Körperteil müde wird und sich abnutzt." Die Ursache Ihrer Frustration und die Ihrer Schüler liegt darin, daß es schwierig ist, so viele Informationen durch bloßes Zuhören zu behalten.

Die Lösung besteht darin, die *Regieanweisungen zur Stillarbeit* an die Tafel zu schreiben, so daß dort eine dauerhaft visuelle Repräsentation des Gesagten steht. Visuelle *Regieanweisungen zur Stillarbeit* haben folgende Vorteile:

Tafelanschrieb macht unabhängig

• Sie bringen größere Klarheit und verdoppeln die Dauer des Behaltens. Außerdem befreit dies den Lehrer davon, sich wie ein Papagei ständig wiederholen zu müssen. Er ist jetzt frei, den einzelnen Schülern in der Phase der *Stillarbeit* (Einzelarbeit) zu helfen.

• Konsequent immer an den gleichen Platz an der Tafel und immer in der gleichen Farbe und Schriftart angeschrieben, werden sie zu **nonverbalen Signalen:** Jedes Fach hat seine eigene Farbe, zum Beispiel ist Mathematik blau.

• Regelmäßig gebrauchte Information, auf ein Schild geschrieben und mit Folie überzogen (laminiert), kann immer wieder eingesetzt werden. Lücken auf dem Schild erlauben, mit einem abwischbaren Folienschreiber die spezifische Information für den bestimmten Tag hinzuzufügen.

A1-7

Die wichtigsten 20 Sekunden

Auditive Schüler

*Wenn wir beim Übergang zur Stillarbeit **20 Sekunden** stillstehen, werden mehr Schüler selbständig mit der Arbeit beginnen.*

Diese Vorgehensweise hat auch noch eine kleine Nebenwirkung, die nicht sofort ins Auge fällt: In jeder Klasse gibt es bis zu fünf Schüler, die unsere Regieanweisungen laut wiederholen müssen. Dies sind unsere auditiven Schüler. Bei ihnen funktioniert das Gehirn wie ein Cassettenrecorder: Wenn sie unsere Stimme die Anweisungen sagen hören, wollen sie dies mit ihrer eigenen Stimme „aufnehmen". Also kommen sie nach vorne und sagen genau das, was wir gerade gesagt haben. Für uns als Lehrer ist es oft ein Rätsel, warum sie dies machen.

Wenn wir 20 Sekunden stillstehen und während dieser Zeit eine auditive Schülerin auf uns zukommt, signalisieren wir ihr schweigend, an den Platz zurückzukehren. Nach Ablauf der 20 Sekunden gehen wir zu dieser Schülerin. Oft hat die Schülerin dann schon mit der Arbeit begonnen und braucht unsere Hilfe nicht mehr. Durch unser Stillstehen von 20 Sekunden helfen wir den auditiven Schülern zu lernen, nur in Gedanken die Informationen für sich zu wiederholen, anstatt sie laut auszusprechen. Auf diese Weise lernen sie etwas für das spätere Leben: Im Berufsleben wird gewöhnlich derjenige nicht besonders geschätzt, der zur Klarstellung alles laut wiederholen muß.

Wenn der Lehrer den frontalen Unterricht beendet und die Schüler mit der Stillarbeit beginnen, vollzieht sich ein Übergang von der Gruppenorientierung zur Einzelunterstützung. Dieser Übergang gelingt am besten durch eine Kombination von visuellen *Regieanweisungen zur Stillarbeit* und durch das Vormachen Ihrer Erwartung, daß die Schüler sich konzentrieren werden. Die produktivste Atmosphäre bei der Stillarbeit – unabhängig davon, ob die Schüler allein oder mit einem Partner arbeiten (zum Beispiel beim kooperativen Lernen) – ist die visuelle, das bedeutet: zielgerichtet und überwiegend still. Vorschläge zum Vormachen dieser visuellen Atmosphäre:

1. Lesen Sie die *Regieanweisungen zur Stillarbeit* vor.
2. Fragen Sie, ob es noch Fragen gibt. Beantworten Sie sie mündlich, während Sie gleichzeitig die zusätzlichen Antworten oder Informationen an die Tafel schreiben.
3. Entlassen Sie die Schüler mit Worten wie: „Ihr könnt jetzt anfangen."
4. *Die wichtigsten 20 Sekunden:*

Nehmen Sie eine *eingefrorene Körperhaltung* ein und warten Sie 20 Sekunden lang. Sie werden so zum Vorbild für die Schüler, wie ruhig und konzentriert sie sich verhalten sollen. Wenn Schüler um Hilfe bitten, indem sie sich melden oder in die Klasse rufen, lassen Sie Ihre Augen einmal über alle Schüler wandern, bleiben Sie weiterhin sehr ruhig stehen und bedeuten Sie ihnen mit einer Handgeste, daß Sie in wenigen Sekunden bei ihnen sein werden. Einige Grundschullehrer haben einen Hula-Hoop-Reifen um sich herum, in dem Sie während dieser 20 Sekunden stehen. Die kinästhetischen Schüler, die Unterstützung suchen, können dieses anschauliche Symbol der Abtrennung durch den Reifen sehen und erinnern sich auf konkrete Weise daran, daß der Lehrer noch nicht zur Verfügung steht.
5. Bewegen Sie sich langsam durch den Raum, um den Schülern einzeln zu helfen.

Einer der wichtigsten Nebeneffekte dieser Technik, die Lehrer zu schätzen wissen, ist der, daß die Schüler, die sonst zu uns nach vorn kommen und uns bitten, die Information noch einmal zu wiederholen, lernen, dies in den 20 Sekunden innerlich zu tun. Dies spart Zeit und macht sie unabhängiger. Die Dauer sollte je nach Klassenstufe variieren. Für Zweitkläßler können Sie auch nur 10 Sekunden innehalten.

A1-8

Das Geheimnis der Aufmerksamkeit: AUS / Leerlauf / AN

Gail und ich denken manchmal, daß dieses Buch unseren Hunden gewidmet sein sollte, denn die Grundlagen und die Macht der ENVoY-Fertigkeiten kommen auch bei der erfolgreichen Erziehung eines jungen Hundes voll zur Geltung:

- *systematische Anwendung der nonverbalen Kommunikation*
- *die Macht der Pause*
- *Aufmerksamkeit erlangen, bevor man ein Kommando gibt*
- *den richtigen Augenblick erwischen, wenn etwas richtig gemacht wird und dies verstärken.*

AUS / LEERLAUF / AN ist eine Fertigkeit, die speziell für den Umgang mit einzelnen Schülern entwickelt wurde. Nehmen Sie sich genügend Zeit, sich darin zu üben. Durch konsequentes Üben werden Sie beim Umgang mit den einzelnen Schülern wesentlich größere Erfolge erzielen.

Kinästhetische Schüler lassen sich bei der Stillarbeit oft sehr leicht ablenken und brauchen vielleicht individuelle Betreuung, um bei den Aufgaben zu bleiben. Das löst bei Lehrern häufig das Gefühl aus, sie müßten direkt neben dem Schüler stehenbleiben, damit dieser weiterarbeitet. Im Durchschnitt gibt es in jeder Klasse zwei bis sechs Schüler, auf die diese Beschreibung zutrifft. An manchen Tagen muß die Lehrerin buchstäblich von einem Schüler zum nächsten rennen, um sie wieder an ihre Arbeit zurückzuführen. Oberflächlich betrachtet sieht es so aus, als wäre der Schüler entweder AN- oder AUS-geschaltet, aber bei genauerem Hinschauen erkennt man, daß es einen dritten mentalen Zustand zwischen diesen beiden gibt, den wir als **Leerlauf** bezeichnen wollen. Dies ist wichtig, denn wenn die Lehrerin wie ein Tintenfisch mit langen Fangarmen herumläuft, um die Schüler wieder an ihre Arbeit zu führen, bringt sie sie wahrscheinlich nur von AUS in den Leerlauf. Es ist wie bei der Gangschaltung eines Autos: In Wirklichkeit schalten wir nicht direkt von einem Gang (oder mentalen Zustand) in einen anderen – wir gehen immer durch den Leerlauf.

Aus Erfahrung haben Lehrer gelernt, daß die kinästhetischen Schüler oft nicht besonders gut hören oder sehen, so daß man sie als Lehrperson berühren muß oder zumindest nahe bei ihnen sein muß, um ihre Aufmerksamkeit zu gewinnen. Ungefähr ab der vierten Klasse reagieren gewisse Schüler auf die Anwesenheit der Lehrerin mit Schuldgefühlen. Dies erinnert mich an eine Anekdote, bei der aufgrund der Beschreibung mit Sicherheit eine kinästhetische Person beteiligt war: In einer stürmischen Nacht bricht ein großer Ast von einem riesigen Baum im Garten ab und zertrümmert ein Fenster im oberen Stockwerk. Die Mutter, die unten schläft, wacht auf und hat sofort Angst um die Sicherheit ihres Sohnes, der oben schläft. Sie schreit: „Emil!" Und spontan antwortet Emil: „Mama, diesmal war ich es nicht!"

Was tun Problemschüler, wenn die Lehrerin auf sie zukommt? Sie halten die Luft an! Die folgende Szene zeigt den typischen Ablauf:

a. Schüler ist von seiner Arbeit abgelenkt   =   AUS
b. Lehrerin kommt auf ihn zu
c. Schüler hält den Atem an   =   Leerlauf
d. Lehrerin geht wieder
e. Schüler kann endlich wieder atmen
   und schaltet sich wieder aus   =   AUS

Es sei wärmstens empfohlen, daß Sie sich für das nächste Arbeitsblatt nur zwei Schüler zum Üben auswählen und sich darauf konzentrieren, mindestens zwei oder drei Wochen mit ihnen zu arbeiten. Da Sie ein neues Vorgehen lernen, suchen Sie sich bitte nicht Ihre zwei „schlimmsten" Schüler aus. Es ist für Sie viel besser, sich erst einmal zwei „marginale", nur gering abgelenkte Schüler auszusuchen, denn dadurch werden Sie in der Lage sein, Ihr Timing zu perfektionieren. Später können Sie diese Techniken dann bei schwierigeren oder stärker abgelenkten Schülern anwenden.

A1-9

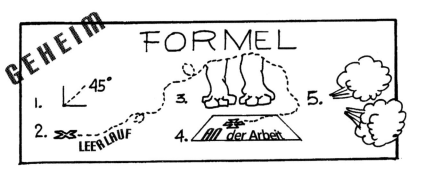

Mäusequiz

Der Reißverschluß kam 1913 in den Handel – 30 Jahre, nachdem er entwickelt worden war.

Löslicher Kaffee wurde erstmals 1934 zubereitet. Wie lange dauerte es, bis er tatsächlich auf den Markt kam?

Von Macht zu Einfluß

Machtansatz

Einflußansatz

Meine Tante Gundi Grund-Schulmeister pflegt zu sagen, daß man einen jungen Hund auf zweierlei Art dazu bringen kann, das Kommando „Sitz" zu befolgen. Man kann das Hinterteil des Tieres herunterdrücken und dabei „Sitz" sagen. Oder aber man kann mit Pfiffi um den Block laufen, und wenn Hündchen anfängt, Anzeichen von Müdigkeit zu zeigen und Anstalten macht, sich zu setzen, genau in dem Augenblick „Sitz" rufen.

*Manchmal liegt der **Unterschied zwischen Macht und Einfluß** nur darin, genau den **richtigen Zeitpunkt** zu treffen.*

48

© Synergeia Köln 2006

Es ist absolut *notwendig,* daß Sie das Arbeitsblatt zu *AUS / Leerlauf / AN* durchgearbeitet haben, bevor Sie mit dieser neuen Übung beginnen. Die Fertigkeiten, die in den vorangegangenen Abschnitten besprochen wurden, werden nun weiter verfeinert, um den Unterschied zwischen dem *Macht*-Ansatz und dem Herangehen mit *Einfluß* zu verstehen.

	Der Machtansatz	**Der Einflußansatz**
1.	Lehrerin geht von vorn auf den Schüler zu.	Lehrerin geht von der Seite an den Schüler heran.
2.	Lehrerin schaut dem Schüler in die Augen.	Die Augen der Lehrerin sind auf die Arbeit des Schülers gerichtet.
3.	Lehrerin atmet nicht.	Lehrerin atmet.
4.	Lehrerin steht nah beim Schüler.	Lehrerin ist weiter vom Schüler entfernt.
5.	Lehrerin wartet, bis der Schüler im **Leerlauf** ist.	Lehrerin wartet, bis der Schüler **AN** seiner Arbeit ist.

(Nr. 5 bezieht sich auf das oben beschriebene *Geheimnis der Aufmerksamkeit: AUS / Leerlauf / AN)*

Wohl wissend, daß es noch viel mehr Aspekte gibt, als nur die oben genannten Unterschiede, könnte man das oben Gesagte so zusammenfassen: *Macht ist direkt* und *Einfluß ist indirekt.*

Eine Lehrerin, die *Macht* ausübt, vermittelt den Anschein, als wenn sie sich persönlich durch die Schüler bedroht fühlte, und folglich ist das Eingreifen „konfrontativ". Die Lehrerin, die *Einfluß* nimmt, trennt das Verhalten des Schülers von seiner Person. Das Augenmerk liegt auf der Aufgabe, die der Schüler zu erledigen hat.

Funktioniert der *Macht*-Ansatz? In vielen Fällen ja, denn es gibt eine zunehmende Anzahl von Schülern, die zu Hause nicht besonders viel menschlichen Kontakt mit Erwachsenen haben. Wir wissen, daß Schüler es auf jeden Fall vorziehen, positiven Kontakt zu haben, aber ihre zweite Präferenz ist, überhaupt irgendeinen Kontakt zu haben als gar keinen. Dieser Schüleranteil ist unbewußt immer bereit, sich in Schwierigkeiten zu bringen, um nur in irgendeiner Form Kontakt mit Erwachsenen zu haben. Ein Dichter hat einmal gesagt: „Kinder werden auf jeden Fall unsere Aufmerksamkeit erlangen. Es fragt sich nur, ob dies auf positive oder negative Weise geschehen

49

wird. Der Unterschied liegt darin, wie bald und wie oft wir ihnen unsere Aufmerksamkeit schenken." Die *Einfluß*-Methode wurde entwickelt, um das „Syndrom der negativen Verstärkung" zu durchbrechen. Die Schwäche des *Macht*-Ansatzes ist, daß die Lehrerin körperlich anwesend sein muß, damit der Schüler gehorcht. Es gibt keine Selbstmotivation.

Wie könnte eine Lehrerin in der Phase der Stillarbeit ihren *Einfluß* auf einen Schüler vergrößern, so daß er ganz *AN* seiner Aufgabe ist? Da es oft die körperliche Nähe der Lehrerin zum kinästhetischen Schüler ist, die diesen wieder an seine Arbeit bringt, könnte sich die Lehrerin eher *indirekt* in den Bereich des Schülers begeben. Je weiter die Lehrerin vom Schüler entfernt ist und ihn dennoch beeinflussen kann, desto mehr glaubt der Schüler, daß er aus eigenem Willen *AN* der Aufgabe ist, nicht, weil die Lehrerin neben ihm steht. Dies ist wahrer *Einfluß*.

Anwendung des Einflußansatzes
Sobald der Schüler AN seiner Aufgabe ist und zweimal aus- und eingeatmet hat, kann die Lehrerin sich nähern.

Mit folgenden Schritten setzen Sie den *indirekten* Ansatz mit *Einfluß* ein:

45⁰ 1. Bewegen Sie sich auf den Schüler zu, ohne ihn direkt anzuschauen (zum Beispiel können Sie es so machen, daß Sie im Winkel von 45 Grad zum Gesicht des Schülers stehen) bis der Schüler von *AUS* zumindest in den *Leerlauf* wechselt.

Pause 2. Es folgt eine Pause.

3. Schauen Sie auf die Arbeit eines Nachbarschülers, während Sie peripher (aus den Augenwinkeln) den besagten Schüler beobachten. Was sollen Sie beobachten? Sie wollen sehen, ob der Schüler vom *Leerlauf* wieder **warten** *AN* die Aufgabe geht. Warten Sie, bis er weiteratmet, denn dann wird er wahrscheinlich aus dem *Leerlauf* wieder in Gang kommen und sich auf seine Aufgabe konzentrieren. Falls der Schüler sich wieder *AUS*-schaltet, gehen Sie augenblicklich näher. Wenn die *indirekte* Herangehensweise nicht ausreicht, um den Schüler wieder an seine Arbeit zu bringen, sollten Sie kurzfristig einige Elemente des *Macht*-Ansatzes hinzufügen. Zum Beispiel könnten Sie den Schüler direkt anschauen.

V2 Wenn das nicht reicht, rufen Sie ihn beim Namen.

4. Sobald der Schüler AN ist und zwei Atemzüge gemacht hat, stellen Sie sich an seine Seite. An diesem Punkt hat die Lehrerin viele Möglichkeiten: sie kann etwas sagen oder nicht, Blickkontakt aufnehmen oder einfach nur auf die Arbeit des Schülers schauen, usw. Die Entschei-

dung hängt davon ab, was das beste ist, um das „negative Verstärkungs-syndrom" in „positiven Kontakt" zu verwandeln. Nutzen Sie diesen Grundsatz beim Ausprobieren.

Wählen Sie sich auch für die Bearbeitung des folgenden Arbeitsblatts zwei Schüler aus, die Sie eher als „marginal" abgelenkt einstufen. Schließlich lernen Sie auch hier eine neue Fertigkeit, und Ihre Erfolgschance erhöht sich, wenn Sie sich erst leichtere Fälle vornehmen. Bei den „schlimmsten Fällen" muß das Timing sehr präzise sein.

A1-10

Mäusequiz

Löslicher Kaffee wurde erst 1956 auf den Markt gebracht – 22 Jahre, nachdem er entwickelt worden war.

Die Fotografie wurde erstmals 1782 entdeckt. Wie lange dauerte es bis zu ihrer Verbreitung?

ufmerksamkeit
gewinnen

Kapitel 2
Aufmerksamkeit gewinnen

„Wer eine Klasse sorgfältig beobachtet,
kann nicht umhin, sich über die Menge der Zeit zu wundern,
die die Schüler mit Warten verbringen."
Charles E. Silberman

Eine Klasse ans Werk zu bringen ist etwas ähnliches wie ein Schiff vom Dock loszumachen und auf die Reise zu schicken – je besser die Ablegezeit mit den Gezeiten zusammenfällt, um so leichter wird die Reise. Die Minuten unseres Unterrichtsbeginns, eigentlich nur Sekunden, vermitteln unser Maß an Organisation und die Höhe unserer Erwartungen. Täglich sollten wir zu Beginn der Stunde ein Signal setzen, um unser Vorgehen und unsere Prioritäten für die Stunde zu vermitteln. Die zwei wirkungsvollsten Fertigkeiten, um die Aufmerksamkeit der Klasse zu Beginn der Stunde zu gewinnen, sind *Körperhaltung einfrieren* und *Lauter (Pause) Flüstern*. Es wird vorausgesetzt, daß Sie diese Fertigkeiten aus Kapitel 1 geübt und gemeistert haben. Die folgenden Arbeitsblätter zu den Themen

- *Körperhaltung einfrieren: Verfeinerungen*
- *Unvollständige Sätze*
- *Die gelbe Ampel*

sind für Lehrer aller Klassen und Schulformen geeignet.

Die wichtigsten Techniken zur Streßbewältigung sind *Entgiften des Klassenzimmers* und *Auflösen & Atmen*. Bekanntlich sind Schüler unverwüstlicher als Lehrer. Wir müssen uns daher mehr Gedanken um das emotionale Wohlbefinden des Lehrers machen; wir wissen, daß die Schüler schnell wieder auf die Füße fallen. Der Schlüssel zum Disziplinieren, der sowohl wirkungsvoll für die Schüler und gleichzeitig auch noch gesund für den Lehrer ist, liegt darin, sich folgenden Grundsatz einzuprägen und danach zu handeln: „Wir werden nicht dafür bezahlt, beim Disziplinieren etwas zu fühlen." Seien Sie ein Schauspieler! Wenn Sie Ihre Gefühle unter Kontrolle haben, können Sie sich erlauben, nach außen eine ganze Bandbreite von Emotionen zu zeigen: empört, enttäuscht, verletzt, ärgerlich... Sie tun das, was die Schüler in der Situation brauchen – nicht das, was Sie fühlen.

Diese Fähigkeit ermöglicht es Ihnen, am Ende Amnesie zu erzeugen und zu Ihrem eigentlichen Beruf des Gebens, Vermittelns usw. zurückzukommen. Kultivieren Sie diese „Disziplinierungsrolle" und halten Sie sie von Ihrem wahren Selbst als Lehrer getrennt. Dadurch vermeiden Sie den „Overkill": auf Spatzen mit Kanonen schießen. Wenn wir überdramatisieren, sabotieren wir uns auf lange Sicht ungewollt selbst, denn wir müssen wie bei den Insekten, die gegen jedes Gift immun geworden sind, die Intensität der Disziplinierung immer mehr steigern, um die gleichen Ergebnisse zu erzielen. Tun Sie sich selbst einen kinästhetischen Gefallen und hängen Sie sich ein Schild an der hinteren Wand auf, auf dem steht „A & A" (als Erinnerung an *Auflösen & Atmen*).

Das wichtigste Fertigkeit für die Tage, an denen wir „nicht ganz da" sind, finden Sie in diesem Kapitel in dem Abschnitt *Unter Zeitdruck*. Dieses Vorgehen bringt sowohl uns als auch die Schüler zur Ruhe. Wenn Sie in der Oberstufe oder an der Universität lehren oder in der Erwachsenenbildung tätig sind, finden Sie die von Ihnen gesuchten Fähigkeiten höchstwahrscheinlich unter *Aufmerksamkeit gewinnen* und *Unterrichten*. Ein wesentliches Element bei diesen Lerngruppen ist die Gruppendynamik. Aufgrund der Komplexität dieses Gebietes ist der Gruppendynamik ein eigenständiges Buch gewidmet: *Absolute Spitzenklasse – Gruppendynamik in Schulklassen*.

Manche Lehrer sind wahre Stepptänzer.

54

Körperhaltung einfrieren: Verfeinerungen

Wie in Kapitel 1 unter *Körperhaltung einfrieren* erwähnt, gibt es mehrere nonverbale Fertigkeiten, die die Botschaft „STOP" vermitteln:

- vorn im Raum vor der Klasse stehen
- Füße parallel, Zehen zeigen nach vorn
- Gewicht auf beiden Füßen
- knappe mündliche Anweisungen

Im Anschluß an eine kurze Erklärung zu jeder dieser nonverbalen Fertigkeiten folgen einige Vorschläge, damit Sie herauszufinden können, welche Vorgehensweisen am besten in Ihre Unterrichtssituationen passen.

Ihr Platz im Raum
Der Hauptteil jeder Präsentation und jedes Lehrervortrags findet vorn im Klassenzimmer statt. Daher ist die Klasse daran gewöhnt, vergleichsweise aufmerksamer zu sein, wenn der Lehrer dort steht, als wenn er zwischen den Reihen stehend den Schülern bei der Einzelarbeit hilft.

Füße und Gewicht
Wenn die Zehen einer Person nach vorn zeigen und das Gewicht auf beiden Füßen gleich verteilt ist, wird der Sprecher in der westlichen Kultur als höchst kongruent interpretiert. Kongruenz vermittelt die Botschaft „Ich erwarte Aufmerksamkeit!" Da Kongruenz eine sich selbst erfüllende Prophezeihung in sich trägt, steigt die Wahrscheinlichkeit um ein Vielfaches, daß Aufmerksamkeit erlangt wird. Wenn Lehrerinnen oder Ausbilderinnen Kleider oder Röcke tragen, stellen sie eher einen Fuß zur Seite (meistens in die Richtung, aus der sie gerade gekommen sind). Seien Sie sich dieser Neigung bewußt. Wenn Sie erst einmal die Aufmerksamkeit der Klasse haben, können Sie Ihren Stil frei wählen, inklusive der Körperhaltungen eines Mannequins.

kongruent

Satzlänge
Wenn der Lehrer einen langen Satz sagt, wie zum Beispiel: „Kinder, hört mal mit dem auf, was ihr da gerade macht und schaut hierher", dann besteht die Gefahr, daß aufgrund der Länge des Satzes die Stimme des Lehrers in der

allgemeinen Lautstärke der Klasse untergeht. Ein kürzerer Ruf nach Aufmerksamkeit ist leichter von der Geräuschkulisse im Raum zu unterscheiden. Die kürzere Ansage bietet noch weitere Vorteile. Der Lehrer verschwendet nicht seinen Sauerstoff und kann leichter aus der Rolle des „Verkehrspolizisten", in der er die Aufmerksamkeit erlangt, in die Unterrichtsrolle wechseln.

A2-1

Entscheiden Sie selbst, welche der obigen Techniken Sie ausprobieren möchten: „Platz", „Füße", „Gewicht" und „Satzlänge". Sie werden selbst am besten wissen, ob Sie mit allen vier Techniken zugleich liebäugeln wollen oder ob Sie sich eine nach der anderen gründlich vornehmen.

Mäusequiz

Die Fotografie verbreitete sich erst 1838 – 56 Jahre nach ihrer Erfindung.

Die erste automatische Armbanduhr mit kinetischem Federaufzug wurde 1923 entwickelt. Wie lange dauerte es, bis sie tatsächlich auf den Markt kam?

Eröffnung mit visuellen Anweisungen

Harry Wong, der in den USA zum Lehrer des Jahres gewählt wurde, unterrichtet Mathematik. Er sagt, daß es einen direkten Zusammenhang gibt zwischen dem Beginn der Unterrichtsstunde laut Stundenplan und der Zeit, wo sie tatsächlich beginnt. Je mehr Zeit nach dem Läuten bis zum eigentlichen Unterrichtsbeginn verstreicht, desto mehr albern die Schüler herum.

Die angewandte Unterrichtsforschung zeigt, daß Lehrer, die visuell unterrichten, mehr Stoff durchnehmen und – statistisch gesehen – diszipliniertere Klassen haben. Visuelles Unterrichten erreicht man, indem man die Anweisungen während der drei folgenden Unterrichtsphasen schriftlich oder bildlich darstellt. Es handelt sich um die Phasen:

Aufmerksamkeit gewinnen
Unterrichten
Stillarbeit (Überleitung zur Stillarbeit)

Dieser Abschnitt konzentriert sich auf den ersten der drei Punkte. Wenn die Anweisungen für die Schüler schon beim Hereinkommen an der Tafel stehen, können sie sehen, was sie tun sollen.*

Dies ist deswegen so wichtig, weil es sich hier um eine *nonverbale Botschaft* handelt. Nonverbale Botschaften sorgen für eine ruhigere Klasse, die Schüler haben ein höheres Selbstwertgefühl, und der Lehrer hat mehr Energie.

Visuelle Anweisungen verwendet man aus unterschiedlichen Gründen. Meist schreibt der Lehrer eine „Aufwärmübung" an die Tafel. Oft ist dies eine Aufgabe, die Spaß macht und die sich auf schon bekannten Stoff bezieht: zum Beispiel Wiederholung einer Mathematikaufgabe, Abschreiben von neuen Vokabeln und deren Bedeutungen oder eine einfache Frage von hohem Interesse. Die Aktivität muß im Rahmen der Fähigkeiten der Schüler liegen, so daß sie von Ihnen unabhängig sind. Sonst würden Sie bereits unterrichten statt für den Unterricht „aufzuwärmen".

Der Tafelanschrieb gilt nicht nur für Aufwärmübungen, er unterstützt auch den Übergang zur ersten Lernaktivität. Oft braucht man diese Anweisungen regelmäßig, so daß es ratsam ist, sie auf Schilder zu schreiben und diese zu laminieren. Wenn man an den Stellen, die sich verändern, Platz läßt (zum Beispiel für die Seitenzahl), kann man diese Information mit einem abwischbaren Marker von Fall zu Fall eintragen. Auf diese Weise können die laminierten Schilder immer wieder verwenden werden und man kann sie in kürzester Zeit entsprechend abändern.

---

* Da es im deutschen Sprachraum meist der Lehrer ist, der von Klasse zu Klasse wandert, hat er nicht immer die Möglichkeit, vor den Schülern im Raum zu sein. Sie werden selbst am besten wissen, zu welchem Zeitpunkt es sinnvoll ist, die visuellen Anweisungen zur Eröffnung anzuschreiben. (A. d. Ü.)

Unser Ziel ist es, die Schüler durch Verwenden visueller Anweisungen nonverbal in einen angemessenen mentalen Zustand zu führen. Was ist *Ihr* Stil, dies zu erreichen? Würden Sie die Anweisungen hinter einer heruntergezogenen Leinwand oder auf einem noch ausgeschalteten Overheadprojektor versteckt halten und sie nach der Begrüßung dann aufdecken? Würden Sie es so einrichten, daß die Anweisungen schon sichtbar an der Tafel stehen, wenn die Schüler in die Klasse kommen, und Sie sie an der Tür begrüßen? Oder stehen die Anweisungen bereits an der Tafel, wenn die Schüler in die Klasse kommen, während Sie selbst als Modell für Aufmerksamkeit vorn still stehen und die Schüler von dort aus begrüßen?

Wenn Sie als Lehrer die obengenannten Dinge bisher schon richtig gemacht haben, sehen Sie aufgrund der dadurch entwickelten Routine vielleicht keinen Unterschied. Denken Sie daran, daß Sie an den Tagen, wenn Sie zusätzliche Unterstützung für den Übergang zu einem konzentrierten Lernzustand brauchen, (zum Beispiel in der Woche vor den Ferien) sicherstellen, daß Sie es den Schülern vorleben, indem Sie ein Modell bieten.

A2-2
A2-3

Mäusequiz

Die automatische Armbanduhr wurde 1939 auf den Markt gebracht – 16 Jahre nach dem ersten Modell.

Zellophan wurde erstmals im Jahre 1900 erfunden. Wie lange dauerte es bis zur Umsetzung?

Unter Zeitdruck

Der vorangegangene Abschnitt beschreibt die beste aller Welten, die Sie dann erleben, wenn Sie Zeit haben, die visuellen Anweisungen vorher anzuschreiben; aber manchmal hat man diese Zeit nicht. Dies passiert oft gerade dann, wenn die Klasse einen besonders einfühlsamen Stundenbeginn braucht, (wie zum Beispiel in der Woche vor den Weihnachtsferien), wir aber selbst ins „Rotieren" kommen, um bestimmte Dinge noch in letzter Minute zu regeln. Was kann unter diesen Umständen helfen? Drei Alternativen bieten sich an:

- Wenn sich der Lehrer zunächst die Aufmerksamkeit der Klasse holt und dann beginnt, etwas an die Tafel zu schreiben, geht er das Risiko ein, die Aufmerksamkeit wieder zu verlieren: Der Rücken des Lehrers ist den Schülern zugewandt, und das Schreiben dauert seine Zeit.

- Wie ist es, wenn man sich erst die Aufmerksamkeit holt und den Schülern dann mündlich die Instruktionen für den Übergang gibt? Mündliche Anweisungen sind die am wenigsten wirksame Methode, um den Schülern zu vermitteln, was sie tun sollen.

- Mein Vorschlag ist, daß Sie zunächst die Anweisungen an die Tafel schreiben, sich dann die Aufmerksamkeit der Schüler holen und für sie als Vorbild modellieren, wie sie sich auf die Tafel konzentrieren und den Anweisungen folgen sollen. Bedenken Sie aber, daß es sich hier um ein Vorgehen für den Notfall handelt.

A2-4

Unvollständige Sätze

Wir wissen, wie wirksam das **Lauter** *(P a u s e)* *Flüstern* ist. Wenn der Lehrer diese Technik benutzt, um die Aufmerksamkeit der Klasse zu gewinnen, schaut er quasi durch die Managementlinse des **pädagogischen Fernglases**. Danach kann der sich der Curriculumlinse zuwenden. Unvollständige Sätze sind eine versteckte Anwendung der Technik **Lauter** *(P a u s e)* *Flüstern*. Der Lehrer sagt anstelle eines Rufes zur Ordnung den Anfang eines Satzes zur Vermittlung des Lehrstoffes **lauter**. In der folgenden **Pause** wird die Klasse ruhiger. Dann wiederholt der Lehrer den Satz von Anfang an noch einmal im **Flüsterton**.

Oft wird den Lehrern auf Fortbildungen empfohlen, vor Beginn des Unterrichts zuerst die Aufmerksamkeit aller Schüler zu gewinnen. Es gilt aber auch: Wenn wir unsere Stimme für die Stoffvermittlung und unsere *nonverbalen* Signale zum Disziplinieren benutzen, kommen die Schüler schneller in den Stoff und erinnern sich besser an den Inhalt der Stunde. Wie können wir also auf nonverbale Weise die Aufmerksamkeit gewinnen, bevor wir beginnen?

Wenn der Inhalt des Unterrichts für die Schüler interessant genug ist, können wir gleich mit der Stunde beginnen, und die Klasse wird mitmachen; wenn wir jedoch befürchten müssen, daß das Interesse nicht groß genug ist, können wir *unvollständige Sätze* anwenden. Schüler, die den Lehrer nicht anschauen, sondern statt dessen einen abrupten Abbruch des Einleitungssatzes hören, werden wahrscheinlich erstarren und nach vorn schauen. Dieses Manöver erlaubt einen schnellen Übergang zur Aufmerksamkeit. Beispiele hierfür sind: „Wie wir seh-...", „Wenn wir uns das anschau-...", „Schön, wie die...". Sobald die abgelenkten Schüler aufmerksam werden, wiederholen Sie noch einmal den ganzen Satz und fahren dann fort. Unter Einsatz der Fertigkeiten, die Sie in *Lauter (Pause) Flüstern* gelernt haben, sagen Sie den *unvollständigen Satz* lauter als die Klassenlautstärke, und dann wiederholen Sie den ganzen Satz mit Flüsterstimme. *Unvollständige Sätze* wirken oft bei den Nachzüglern, die immer hinterherhinken, bis sie dem Lehrer ihre Aufmerksamkeit zuwenden.

A2-5
A2-6

Unvollständige Sätze können jederzeit angewandt werden. Die ideale Zeit, diese Technik einzusetzen, sind rechtshemisphärische Tage (zum Beispiel wenn der erste Schnee fällt), weil wir die Konzentration auf den Lehrer vermindern und den Rapport verstärken wollen. Es ist am besten, diese Technik einzuüben, bevor die rechtshemisphärischen Tage kommen.

Positive Kommentare

"Ich finde es richtig schön, wie Anton, Hanna und Michael ihre Jacken und Mützen aufhängen".

Bis zum dritten und vierten Schuljahr mögen es die Schüler sehr, wenn sie vom Lehrer gelobt werden. Der beste Zeitpunkt für positive Kommentare ist während einer Übergangsphase, da die Kinder, die die positiven Kommentare bekommen, dann als Vorbild für die Schüler dienen, die sich „anders als angemessen" verhalten. Der Lehrer sagt beispielsweise: „Macht eure Tische frei und holt eure Bleistifte und Füller heraus." Sehr kurz danach kommentiert er: „Ich mag es, wie Johannes das macht. Oh, Reihe vier, ihr seid ja alle schon soweit."

Nach dem fünften Schuljahr müssen positive Kommentare aufgrund der kritischeren gegenseitigen Wahrnehmung der Schüler subtiler und manchmal versteckt gegeben werden. Ob der Lehrer sagen kann: „**Ich** mag es wirklich, wie Sabine dies tut...", hängt davon ab, ob der Lehrer und die gelobte Schülerin eine gute Beziehung zur Klasse haben. Wenn der Lehrer nicht so viel Rapport hat, ist es weniger angemessen, das Wort „ich" zu benutzen. Er sollte dann lieber die ganze Klasse statt nur Einzelne oder kleine Gruppen loben. Falls Einzelne oder Gruppen gelobt werden, sollte dies anonym geschehen: „Es ist gut zu sehen, wie ein Teil von euch schon fertig ist." Lehrer, die starken Rapport haben, sind in der Lage, ehrliche, positive Kommentare zum Übergang zu machen, wie zum Beispiel: „Ich schätze es wirklich, wie schnell ihr eure Sachen für unsere Stunde bereitlegen könnt."

A2-7

Entgiften des Klassenzimmers

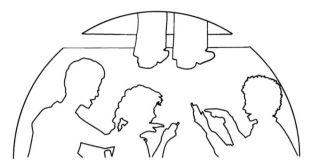

Wenn wir mit dem Unterricht anfangen wollen und die Klasse unruhig ist,

Orte sind mit Erinnerungen verknüpft. Wir haben alle schon einmal erlebt, daß wir im Wohnzimmer sitzen und uns entschließen, „X" zu tun. Wir stehen auf und machen uns auf den Weg, um „X" zu tun, werden aber unterwegs von etwas abgelenkt. Wenn wir uns schließlich erinnern, daß wir etwas anderes tun wollten, sind wir erstaunt, weil wir uns nicht mehr an unsere ursprüngliche Absicht erinnern können. Etwas verlegen kehren wir zu unserer Couch im Wohnzimmer zurück, und genau in dem Augenblick, wo wir uns hinsetzen, kommt auch die Erinnerung wieder zurück.

gehen wir zu unserem Platz für „Klassenschelte".

Wenn wir die Aufmerksamkeit der Klasse gewonnen haben, gehen wir als der nette Lehrer wieder zurück an unseren Unterrichtsplatz.

Tag für Tag hat der Lehrer eine große Vielfalt von Handlungen auszuführen. Wenn er eine bestimmte Aktivität (zum Beispiel die Klasse zur Ordnung rufen) konsequent immer nur von einem bestimmten Platz aus durchführt, verbinden die Schüler diesen Platz mit der Aktivität. Da der Lehrer die Verbindung zwischen der Aktivität und dem Platz im Raum aufgebaut hat, neigen die Schüler dazu, schneller und angemessener zu reagieren, da sie wissen, was sie von dort zu erwarten haben. Diese Verbindung trifft nicht nur auf Plätze zu – man findet sie in jeder nonverbalen Kommunikation. Wenn der Lehrer zum Beispiel konsequent jedesmal den Overheadprojektor anschaltet, wenn er möchte, daß die Klasse sich Notizen macht, bekommen die Schüler dieses Signal durch das Klickgeräusch des Schalters, das Geräusch des Gebläses und der Helligkeit der Projektionswand mit.

Klassenschelte

Wenn Sie wissen, welche Aktivitäten Sie in einer Woche durchführen werden, können Sie auswählen, welche der Aktivitäten Sie mit einem bestimmten Platz im Raum, einem Gesichtsausdruck, einer Stimme, einer Körperhaltung und vielleicht mit einem Requisit verknüpfen wollen. Diese Aktivitäten oder Situationen können zum Beispiel sein: Anwesenheitskontrolle, Kopfrechnen, Klassengespräch, im Kreis sitzen und einander Zuhören, Einzelbetreuung oder Disziplinieren der Klasse. Daher paßt das Konzept des *Entgiftens* in alle vier Phasen des Unterrichts. Es wird an dieser Stelle vorgestellt, da die „Klassenschelte" d i e Aktivität ist, für die es absolut notwendig ist, einen festen Ort zu haben. Damit gewinnen Sie in jedem Fall die Aufmerksamkeit der Klasse.

V3

Wählen Sie für das folgende Arbeitsblatt drei oder vier Aktivitäten, die Sie wirklich systematisch durchführen wollen. Bitte wählen Sie als einen Punkt die „Klassenschelte" aus, da diese Aktivität die Energie des Lehrers viel schneller verbraucht als andere. Effektives Disziplinieren bedeutet, sich so zu verhalten, daß wir auf eine wirkungsvolle Weise die Klasse in einen angemessenen Lernmodus bringen. Um das zu erreichen, müssen wir unsere eigenen Gefühle kontrollieren, indem wir uns dissoziieren. Diese Fähigkeit, sich zu dissoziieren, kann man dadurch unterstützen, daß man einen bestimmten Platz im Raum hat, an den man nur dann und jedesmal dann geht, wenn eine „Disziplinierung" erforderlich ist.

dissoziiert sein

Das Konzept des Dissoziierens beim Disziplinieren wird umfassend erklärt in meinem Buch *NLP für Lehrer* (VAK, 1991). An dieser Stelle mag es genügen zu sagen: „Wir werden nicht dafür bezahlt, beim Disziplinieren etwas zu fühlen." Dies ermöglicht es, uns in einer solchen Weise zu verhalten, wie es für den augenblicklichen Zustand in der Klasse angemessen ist. Daher können wir uns jeweils den Stil des Tadelns aussuchen, der zu dem paßt, was die Klasse gerade braucht.

Führen Sie das systematische Anwenden von nonverbalen Signalen mindestens zwei Wochen lang durch, so daß Sie und auch die Klasse über die Phase der Neuheit hinweg sind.* Die beste Zeit, einen neuen Prozeß wie den obigen einzuführen, ist eine natürliche Unterbrechung im Schuljahr, wie zum Beispiel nach den Sommerferien.

A2-8
A2-9

---

* Das Anwenden von Plätzen, Stimme, Gesichtsausdruck und Körperhaltung auf den Umgang mit Gruppen ist äußerst komplex. Dieses weite Feld habe ich in einem anderen Buch dargestellt unter dem Titel: *Pentimento – Grundsteine der nonverbalen Kommunikation.* Erscheint voraussichtlich im Sommer 2006

Wie lasse ich
Streß
hinter mir?

nicht empfohlen:
hohes flaches Atmen

empfohlen:
tiefe Bauchatmung

Streß und Atmung
Aus der medizinischen Forschung wissen wir von dem Zusammenspiel zwischen
Atmung und den Hormonausschüttungen im Körper:

- *Wenn wir hoch und flach atmen (zum Beispiel, wenn wir mit der Stimme laut werden), lösen wir die Ausschüttung von „Kampf- oder Fluchthormonen" aus.*

- *Eine laute Stimme löst auch bei den Zuhörern diese Streßhormone aus, gleichgültig, ob sie sich gerade danebden benehmen oder nicht.*

- *Wenn wir laut werden müssen und danach tief im Bauch durchatmen, lösen wir damit die Ausschüttung von beruhigenden Hormonen aus.*

- *Während der Pause unseres Durchatmens stellen sich die Zuhörer auf uns ein und atmen auch tiefer.*

Wenn wir bemerken, daß wir hoch und flach atmen, können wir noch besser zu der tiefen Atmung wechseln, wenn wir uns während des tiefen Durchatmens bewegen.

Auflösen & Atmen

Jeder mentale Zustand wird durch einen entsprechenden körperlichen Zustand repräsentiert und aufrechterhalten. Die Beziehungen zwischen Geist und Körper sind so eng, daß Veränderungen in dem Zustand des einen sich in dem des anderen widerspiegeln.

Geist & Körper

Wenn der mentale Zustand, in dem sich jemand gerade befindet, nicht erwünscht oder angemessen ist, dann hilft eine Veränderung der Körperhaltung, diesen mentalen Zustand zu verändern. Um diesen Wechsel des emotionalen und mentalen Zustandes optimal zu unterstützen, bewegen Sie zugleich den Körper (*Auflösen* der bisherigen Körperhaltung) während Sie gleichzeitig *atmen*. Dies gewährleistet eine stärkere Trennung von dem vorangegangenen Zustand. Natürlich ist es um so leichter, den gegenwärtigen Zustand aufzulösen, je eher man erkennt, daß er nicht angemessen ist. Daher erlaubt das *Auflösen & Atmen* am Ende einer Klassenschelte (siehe *Entgiften des Klassenzimmers*) allen Beteiligen, bezüglich des Vorfalls eine Amnesie zu entwickeln – sprich, zu vergessen, daß er überhaupt stattgefunden hat. Die andere Gelegenheit zum *Auflösen & Atmen* ist, wenn wir laut werden müssen, um die Aufmerksamkeit der Klasse zu gewinnen (siehe *Lauter (Pause) Flüstern*). Sowohl bei der Klassenschelte als auch beim Einsatz einer lauten Stimme zum Gewinnen der Aufmerksamkeit dient das Manöver *Auflösen & Atmen* dazu, unsere Rolle als Zuchtmeister von unserer Person als freundlicher und liebevoller Lehrer zu trennen.

Da das *Auflösen & Atmen* die absolut wichtigste Streßmanagementtechnik in der ENVoY-Methode ist, wird empfohlen, dieses neue Vorgehen zunächst in unkritischen Situationen genügend zu üben, bevor Sie die Arbeitsblätter A2-10 bis A2-14 auf folgende Situationen anwenden:

- Klassenschelte (*Entgiften des Klassenzimmers*)
- Tadeln einzelner Schüler
- Lautstarkes *Lauter (Pause) Flüstern*
- Ein abrupter *unvollständiger Satz* an einem rechtshemisphärischen Tag
- Eine Notfallsituation, in der Sie schreien müssen.

A2-10

Tadeln einzelner Schüler

A2-11

Manchmal arbeitet ein Lehrer mit Schülerin X und muß zugleich Schülerin Y auf der anderen Seite des Klassenraums wieder an ihre Arbeit zurückbringen. Wir wissen, daß es sowohl für die Selbstachtung von Y als auch für die Konzentration der Schüler, die bei der Arbeit sind, besser ist, eine minimale verbale Botschaft zu senden (siehe unten: Nr. 31: *Aufrechterhalten der produktiven Atmosphäre: 5 Sekunden*). Bei dieser Gelegenheit muß der Lehrer seine Stimme heben und Y verbal zur Ordnung rufen. Wenn der Lehrer sich dann wieder auf X konzentriert und noch Reste des Tadelns von Y zurückbehalten hat, bekommt X möglicherweise ohne Anlaß diesen „emotionalen Schrott" ab. Daher sollte der Lehrer, sobald er mit Y fertig ist, sich aufrecht hinstellen (und einen halben Schritt zur Seite machen) und ganz tief durchatmen. Je stärker der Zustand, aus dem man herauskommen will, desto wichtiger ist es, zweimal tief durchzuatmen.

Lautstarkes *Lauter (Pause) Flüstern*

A2-12

Manchmal ist der Geräuschpegel in der Klasse so hoch, daß wir laut "Leute!" rufen müssen, um unsere Stimme in dem allgemeinen Lärm hörbar zu machen. Das Problem dabei ist, daß wir leicht frustriert sind, wenn wir unsere Stimmbänder überanstrengen müssen. Das folgende Arbeitsblatt weist Ihnen einen Weg aus diesem Dilemma.

Unvollständiger Satz in scharfem Ton

A2-13

Wie bei dem Beispiel auf dem Arbeitsblatt 2-12 gibt es Zeiten, wenn der sanfte Ansatz nicht ausreicht, um die Aufmerksamkeit der Klasse zu gewinnen. Manchmal müssen wir einen lauten und abrupten unvollständigen Satz mit einem strengen Gesichtsausdruck sagen. Normalerweise atmen wir dabei hoch und flach im Brustbereich. Auch hier geht es darum, möglichst schnell wieder aus diesem Zustand herauszukommen.

Schreien im Notfall

A2-14

Bei manchen Gelegenheiten sind wir aufgrund eines Notfalls genötigt zu schreien. Wenn es zum Beispiel so aussieht, als könnte im nächsten Augenblick ein Karton mit Büchern aus einem Regal auf einige Schüler fallen, schreien wir laut: „Vorsicht!" Danach müssen wir uns erst einmal wieder von dem Adrenalinschock erholen, der im Körper ausgelöst wurde; das gilt sowohl für uns selbst als auch für die Schüler.

Die gelbe Ampel

Lernen in der Gruppe

Die moderne Unterrichtsmethodik ist wesentlich interaktiver als die der siebziger Jahre. Je häufiger wir die Schüler bei der Gruppenarbeit darum bitten müssen, sich auf uns zu konzentrieren, desto länger dauert es, bis wir Gehör finden. Durch Gruppenarbeit werden Freundschaften geschlossen und die Schüler sind mehr aneinander gebunden. Aber da wir beim Lernen in der Gruppe (Cooperative Learning) die Schüler drei- bis fünfmal so häufig als sonst bitten müssen, uns ihre Aufmerksamkeit zu schenken, müssen wir unserer Managementfertigkeiten auch wesentlich verbessern und präziser anwenden.

Es gibt eine Vielfalt von Situationen, in denen wir die Aufmerksamkeit der Klasse auf uns lenken müssen. Manchmal ist es der erste Kontakt, wie zum Beispiel zu Beginn des Unterrichts. Dann gibt es während des Unterrichts Zeiten, wenn die Klasse eine vorstrukturierte Aufgabe ausarbeitet. Es ist respektvoll, den Schülern zu signalisieren, daß es allmählich Zeit wird, ihre Aufmerksamkeit wieder auf den Lehrer zu richten. Wenn wir dies den Schülern vor der direkten Anweisung signalisieren, können sie sich selbst schon darauf vorbereiten. Dies gilt besonders dann, wenn sie in Kleingruppen arbeiten. Denken Sie einmal daran, wie es wäre, wenn wir bei einer Ampel nur rot und grün hätten; daher soll dieses Vorwarnsignal „die gelbe Ampel" heißen.

A2-15

Eine Ansage mit *gelber Ampel* könnte lauten: „Noch eine Minute" oder: „In zwei Minuten ..." Achten Sie auf Ihre Lautstärke; die Schüler sollen *die gelbe Ampel* wahrnehmen, ohne von der Konzentration auf ihre Aufgabe abgelenkt zu werden. Probieren Sie, ob es hilfreich ist, die Ansage noch einmal zu wiederholen, indem Sie besonders die letzten Worte mit tiefer, gedehnter Stimme betonen.

A2-16

Die andere Gelegenheit, bei der Sie *die gelbe Ampel* anwenden, kann während Ihrer Darstellung oder Erarbeitung des Stoffes auftreten: wenn Sie von der Interaktion zwischen Schülern und Lehrer wechseln wollen zum Lehrervortrag. Eine typische Ansage ist: „So, ich rufe noch Julia und Frank auf, und dann werden wir..." Es ist meistens besser, die Ansage in einer anderen Stimmlage zu machen als mit der gewöhnlichen „Unterrichtsstimme". Man könnte sogar sagen, wir verwenden unsere Stimme wie einen durch Kommas abgetrennten Satzteil, der sich durch die veränderte Stimmlage deutlich von dem Rest des Satzes abhebt.

Mäusequiz

Das Zellophan wurde 1912 auf den Markt gebracht – 12 Jahre nach seiner Erfindung.

Die Nutzung der Kernenergie wurde erstmals 1919 ins Auge gefaßt. Wie lange dauerte es, bis sie tatsächlich eingesetzt wurde?

nterrichten

Kapitel 3
Unterrichten

Unterrichten ist die Kunst des Offensichtlichen,
das schwer zu fassen ist.

Wenn man eine meisterhafte Lehrerin beim Unterrichten beobachtet, ist es, als wäre man Zuschauer einer Dirigentin in der Philharmonie – so viel basiert auf den bisherigen Proben, daß das Beste aus den Schülern herausgeholt wird. Hospitierende Referendare sind sich oft bewußt, daß sie Brillanz erleben; sie können jedoch einfach nicht erkennen, was den Unterschied ausmacht. Das liegt daran, daß kompetente, erfahrene Lehrer *präventives Management* betreiben. Die Unterrichtszeit wird für konstruktives Lernen genutzt, anstatt von häufigen Rufen zur Ordnung unterbrochen zu sein. Das Ziel dieses Buches ist es, diese Fertigkeiten nachvollziehbar und erlernbar zu machen.

Unterrichten ist eine stark gruppenorientierte Phase der Stunde, und so muß die Zeit, die man damit zubringt, den sich unangemessen verhaltenden einzelnen Schüler zu disziplinieren, in einem vertretbaren Verhältnis stehen zu der Zeit, die man der ganzen Klasse widmet. **Gruppen-arbeit**

Die folgenden Fertigkeiten wurden zur Anwendung auf die Gesamtgruppe entwickelt:

* *Melden oder Zurufen - Verfeinerungen*
* *Überblenden*
* *Auf der anderen Seite des Raumes*
* *Handlungsverben zuletzt*

Die folgenden Fertigkeiten wurden besonders für die Unterstützung einzelner Schüler entwickelt: **Einzel-arbeit**

* *Nonverbale Signale verstärken*
* *Verbaler Rapport mit den „schwer erreichbaren" Schülern*

Es gibt ein Training, das Lehrern Feedback darüber gibt, wie sie den

Schülern nonverbal ihre Wertschätzung und Anerkennung vermitteln. Dieser Ansatz ist (in den USA) als TESA bekannt, das für *Teacher Expectation and Student Achievement* (Lehrererwartung und Schülerleistung) steht. Die Lehrer, die solch einen Lehrgang mitgemacht haben, lernen zu erkennen, wie sie bestimmte Schüler vorziehen, ohne es zu wollen.

Gruppendynamik

Wenn Sie in der Oberstufe oder an einer Hochschule unterrichten, wenn Sie mit Jugendlichen zu tun haben oder in der Erwachsenenbildung tätig sind, finden Sie die Fertigkeiten, die Sie suchen, wahrscheinlich in diesem Kapitel sowie in Kapitel 2: *Aufmerksamkeit gewinnen*. Weil solche Lerngruppen einen starken geselligen Charakter haben, brauchen die Lehrenden gute Kenntnisse und Fertigkeiten in Gruppendynamik; aufgrund der Komplexität dieser Thematik wird dies in einem besonderen Buch abgehandelt.*

---

* Michael Grinder: *Absolute Spitzenklasse – Gruppendynamik in Schulklassen.* Deutsche Übersetzung erscheinen bei Synergeia 2005, Köln.

Melden oder Zurufen: Verfeinerungen

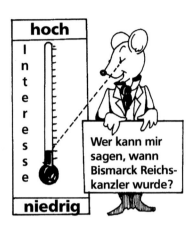

zuerst die Frage　　　　　　**zuerst das Format**

Traditionell geht man in der Lehrerausbildung von dem Grundsatz aus, daß zuerst die Frage gestellt werden soll, bevor der Klasse gesagt wird, ob die Antwort in die Klasse gerufen werden soll, ob die Schüler sich melden sollen oder ob ein einzelner Schüler aufgerufen wird. In diesem Abschnitt wird der Frage nachgegangen, ob der Grad des Interesses, das die Schüler an der Frage haben, vielleicht eine bessere Richtschnur ist, um zu bestimmen, ob die Frage zuerst stehen sollte.

Die drei Formen, die während der Präsentation von neuem Stoff zur Anwendung kommen, wurden bereits in Kapitel 1 vorgestellt:
* *Lehrervortrag*
* *Melden*
* *Zurufen.*

In diesem Abschnitt geht es darum, ob man *Melden* oder *Zurufen vor* oder *nach* der Aufgabenstellung bzw. Frage zum Inhalt ansagt.

Inhalt zuerst

In traditionellen Kursen zur Methodik des Unterrichtens wird empfohlen, daß die Lehrerin zuerst die Inhaltsfrage stellt und danach den Schüler aufruft (daß die Information über das Verfahren also an zweiter Stelle steht). Dieser Ansatz hält sicherlich alle Schüler wach, da sie nie wissen, wann sie aufgerufen werden. Diese Form ist besonders dann sehr wirkungsvoll und sollte angewandt werden, wenn man eine gute Klassendisziplin hat. Im wesentlichen fragen wir also erst nach dem *Inhalt*, bevor wir ansagen, was die Form sein wird: „Meldet euch" oder „Alle zusammen" oder „Ich rufe einzelne auf."

Format zuerst

Manchmal verursacht die Inhaltsfrage *vor* der Ansage der Form ein ziemliches Stimmengewirr, da die Schüler alle zugleich in die Klasse rufen. Es gestattet uns nicht, das Wissen der ruhigeren und zurückhaltenderen Schüler zu überprüfen. In diesem Beispiel wäre es daher besser gewesen, die Form anzusagen („Meldet euch" oder Aufrufen einzelner Schüler), *bevor* die Inhaltsfrage gestellt wird. Woher wissen wir also, was wir zuerst bringen müssen – die Frage zum Inhalt oder die Verfahrensweise? Was geschieht, wenn wir immer die gleiche Reihenfolge anwenden, zum Beispiel immer die Form zuerst ansagen? Manchmal funktioniert es, manchmal auch nicht. Wenn die Klasse beispielsweise sehr aufgeregt ist und wir sagen: „Jochen, was ist die Antwort zu Nummer drei?", wird in diesem Fall die Form zuerst angesagt, bevor die Klasse die Frage weiß. Das Ergebnis ist, daß sich die Energie in der Klasse wahrscheinlich angemessen einpendelt. Wenn die Klasse jedoch eher lethargisch ist und wir sagen: „Jochen, was ist die Antwort zu Nummer drei?", haben wir unabsichtlich zu der Apathie im Raum beigetragen, denn die Schüler wissen jetzt, daß sie nicht drankommen. Die folgende flexible Formel ist also angebracht:

flexible Formel

* Interesse am Inhalt groß → Form zuerst
* Interesse am Inhalt gering → Inhaltsfrage zuerst

Die Formen können auch miteinander verknüpft werden. Die Lehrerin könnte beispielsweise „Meldet euch" ansagen und wenn die Mehrheit der Schüler erst einmal die Hand gehoben hat, könnte sie dazu übergehen, die Klasse gemeinsam die Antwort laut sagen zu lassen oder sie aber dem Nachbarn zu sagen.

A3-1
A3-2
A3-3
A3-4

Üben Sie in der kommenden Woche die obigen Formeln mit den entsprechenden *Arbeitsblättern*.

Testen der Formel
Sie haben eine Woche die folgenden Formeln angewandt:

• Interesse am Inhalt groß → Form zuerst
• Interesse am Inhalt gering → Inhaltsfrage zuerst

A3-5
A3-6

Um die Gültigkeit dieser Empfehlung zu überprüfen, werden wir das Gegenteil machen. Das heißt, wenn Sie annehmen, daß großes Interesse am Inhalt bestehen wird, werden Sie die Inhaltsfrage zuerst stellen und umgekehrt.

Mäusequiz

Die Kernenergie wurde erst 1965 eingesetzt – 46 Jahre nach der ersten Erfindung.
Flüssiges Shampoo wurde erstmals 1958 erfunden. Was glauben Sie, wie lange es bis zur Produktentwicklung dauerte?

Einkauf im Baumarkt

Einmal schickte Gail unseren Sohn Kelly in einem Baumarkt in einen anderen Gang, wo er Klemmen für die elektrische Verdrahtung holen sollte. Er war schon dort, als er zurückrief: „Welche Größe?"

Seine Mutter antwortete: „Nimm ein Dutzend von den gelben!"

Auf der Rückfahrt im Auto wollte er wissen: „Woher wußtest Du, daß gelb die richtige Größe ist?"

„Ach weißt du, man braucht nicht immer die tatsächliche Größe zu kennen – man merkt sich einfach die Farbe der alten. Angefangen von einem Ring am Ringfinger der linken Hand bis zu den dreifarbigen Leuchten wie an dieser Kreuzung – die Welt ist einfach voll von nonverbalen Signalen von Farben, Größen, Formen ... "

*Die systematische Anwendung von **visuellen, auditiven** und **kinästhetischen** nonverbalen Signalen ist die Grundlage brillanter Kommunikation im Unterricht.*

Nonverbale Signale verstärken

Es ist einer der größten Vorteile einer Lehrerin, die systematisch nonverbale Signale einsetzt, daß sie in der Lage ist, in einer Atmosphäre, die beiden Seiten Nutzen bringt (*win-win*), mehr Unterrichtsstoff zu behandeln. Wieso? Wenn Sie für die Aufrechterhaltung der Ordnung nonverbale Signale verwenden, können Sie Ihre Stimme für den Fortgang des Unterrichts nutzen, sozusagen für den Stoff reservieren. Ein Beispiel: Die Lehrerin reduziert langsam das Licht mit einem Dimmer und dreht es dann wieder auf. Die Klasse blickt nach vorn, denn sie weiß, daß das Dimmen des Lichtes bedeutet, daß die Lehrerin ihre Aufmerksamkeit braucht.

Als Lehrer sind wir uns sicherlich einig, daß nonverbale Signale für das *Unterrichtsmanagement* nicht nur erwünscht, sondern auch wirkungsvoll sind; der in diesem Buch vertretene Ansatz beinhaltet darüber hinaus, daß nonverbale Signale auch für die eigentlichen *Lernschritte* höchst willkommen und effizient sind. Ich behaupte, daß die Anwendung von nonverbalen Signalen bei unserer Stoffvermittlung selbst als vorbeugende Managementtechniken wirken. (Beispiel: eine Geste mit der Hand, die anzeigt, daß die obere Zahl eines Bruches gemeint ist.) Wieso? Weil sie die Klasse zwingen, die Lehrerin zu beobachten. Dies führt zu größerer Ruhe in der Klasse, und da die Schüler die Lehrerin anschauen, kann sie nun noch mehr nonverbale Signale einsetzen. Beispiel: Wenn die Lehrerin 27 x 13 an die Tafel schreibt und sagt: „Wieviel ist 27 x 13?", so agiert sie zusätzlich zum Tafelanschrieb vollkommen auditiv; ein Schüler könnte dem Unterricht folgen, ohne die Lehrerin überhaupt anzuschauen. Wenn die Lehrerin dagegen eine weniger vollständige Formulierung wählte wie etwa: „Wieviel ist 27 x diese Zahl?" und dabei auf die 13 zeigte, müßte sich die Klasse visuell der Lehrerin an der Tafel zuwenden.

Achten Sie in einer Ihrer Stunden auf Ihre nonverbalen Signale. Natürlich ist es leichter, sich daran zu erinnern, wenn Sie das **Arbeitsblatt A3-7** direkt nach der Stunde ausfüllen.

A3-7

Unser Ziel ist es, unsere nonverbalen Signale für den Unterrichts*prozeß* einzusetzen und unsere verbale Kommunikation für den Unterrichts*inhalt* zu reservieren. Listen Sie auf dem folgenden Arbeitsblatt die Gelegenheiten auf, bei denen Sie ein verbales Signal gegeben haben, obwohl es vielleicht effektiver gewesen wäre, entweder parallel dazu ein nonverbales einzusetzen oder einfach nur das nonverbale zu benutzen.

Beispiel:

Die Lehrerin bemerkt, daß die Schüler beim Anschalten des Overhead-projektors ihren Stift in die Hand nehmen, um sich zu der visuell gezeigten Information Notizen machen. Aber nachdem die Schüler die Information abgeschrieben haben, legen sie langsam ihren Stift aus der Hand oder spielen damit. Die Lehrerin, die über diese Beobachtung nachdenkt, schließt daraus, daß es wirksamer wäre, den Projektor abzuschalten, sobald die Schüler zu Ende abgeschrieben haben. Dies hält die Verbindung aufrecht: „Projektor an" gleich „Seid aufmerksam".

A3-8

WIN-WIN

BEIDE SEITEN GEWINNEN

Überblenden

DIE FORSCHUNG MALT UNS KEIN ANGENEHMES BILD

Übergänge

*Die angewandte Forschung malt nicht gerade ein angenehmes Bild davon, wie effektiv wir Übergänge einleiten können. Manchmal sieht es eher so aus, daß die Unterrichtslokomotive mehr Zeit damit verbringt, die Fahrgäste zum Einsteigen zu bewegen als sie zum eigentlichen Ziel zu befördern. Bei Übergängen müssen unsere **Managementfertigkeiten** präziser sein, damit wir wieder dorthin kommen, wo wir eigentlich sein wollen und weshalb wir auch den Lehrberuf gewählt haben: um Wissen zu **vermitteln**, den Schülern Fertigkeiten **beizubringen** und ihnen das Gefühl der Selbstachtung zu **geben**.*

Innerhalb einer Unterrichtsstunde von fünfundvierzig Minuten Dauer gibt es Zeiten, in denen die Lehrerin die Aufmerksamkeit der Klasse benötigt und andere Zeiten, in denen die Schüler unabhängig von ihr arbeiten. Danach muß die Lehrerin die Aufmerksamkeit der Klasse vielleicht wieder auf sich lenken. Im Grunde haben wir also Aktivität A, dann einen Übergang zu Aktivität B, dann einen Übergang zu Aktivität C. Die Anzahl der Aktivitäten bestimmt, wie oft es erforderlich ist, die *Aufmerksamkeit* zu *gewinnen*. Was ist der Nachteil dieser traditionellen Art, Übergänge zu schaffen?

Zeit sparen

Wenn die Schüler die Aktivität A beenden, gibt es im Raum Geraschel (zum Beispiel, wenn die Schüler ihre Bücher wegpacken). Dann muß die Lehrerin wieder die *Aufmerksamkeit gewinnen* und sagt Aktivität B an. Um Zeit zu sparen, wendet die Lehrerin die *Überblendungstechnik* an, indem Sie Aktivität B ansagt, bevor A beendet ist. Beispiel: Die Lehrerin dirigiert gerade das gemeinsame Beantworten der fünf Fragen am Ende des Kapitels. Danach sollen die Schüler die Bücher wegpacken, ein anders Buch herausholen und Aktivität B beginnen. Die *Überblendungstechnik* besteht darin, daß die Lehrerin nach der Beantwortung der vierten Frage ansagt: „Bevor wir Nummer fünf beantworten, nehmt ... heraus..." Sie sagt die Anweisungen und zeigt an der Tafel, was bei Aktivität B zu tun ist. Die Schüler nehmen das Material für Aktivität B heraus. Dann wird Nummer fünf gelesen und mündlich beantwortet. Automatisch sind wir schon bei Aktivität B, ohne Zeit zu verlieren.

Kinästhetische Klassen

Natürlich ist es wichtig, die Konzentrationsfähigkeit der Klasse zu berücksichtigen und einzuschätzen, ob eine Unterbrechung zwischen Aktivität A und Aktivität B hilfreich ist. Wenn es zum Beispiel im Raum einen größeren Prozentsatz kinästhetischer Schüler gibt, ist auch die Notwendigkeit größer, Bewegung zu erlauben, um ihnen zu ermöglichen, bei Aktivität B dann tatsächlich still zu sitzen.

A3-9

Führen Sie an den nächsten drei Tagen mindestens einmal am Tag die Überblendungstechnik durch und beschreiben Sie kurz, welche Punkte dabei auftauchten. Nähere Hinweise finden Sie auf **Arbeitsblatt A3-9**

Auf der anderen Seite des Raumes

Ein Pyrrhussieg

In den späten sechziger Jahren hatte ich das Privileg, persönlich bei Carl Rogers Unterricht nehmen zu können. Er verstand und – zumindest zu einem gewissen Grad – definierte auch Rapport. Sein Name wird heute mit dem empathischen Zuhören in Verbindung gebracht, also der Kunst, sich beim Zuhören in den anderen hineinzuversetzen. Dies geschieht durch:

- *Hinlehnen in Richtung des Sprechers*
- *Nicken mit dem Kopf*
- *(Zustimmende) Geräusche bei wichtigen Stellen des Sprechers machen*

Die Anwendung dieser Fertigkeiten führt zu einer angenehmen, warmen Gesprächsatmosphäre.

Viele von uns sind in diesen Eins-zu-Eins-Techniken so verhaftet, daß wir manchmal einen Pyrrhussieg erringen, indem wir bei gutem Rapport mit einem Schüler den Rapport mit der Gruppe verlieren. Wir benötigen Techniken, die uns erlauben, den Rapport mit der Gruppe zu fördern, ohne den Kontakt zu dem einzelnen Schüler zu verlieren. **Auf der anderen Seite des Raumes** *ist eine solche Technik.*

Das ideale Präsentieren oder Vortragen besteht darin, unseren Inhalt und – viel wichtiger noch – unseren Vortragsstil so faszinierend zu gestalten, daß unsere Schüler davon völlig gefesselt sind. Dies ist das absolut Beste, was wir an präventivem Unterrichtsmanagement tun können. Aber leider leben viele von uns nicht in einer pädagogischen Idealwelt. Eine Faustregel ist, unsere verbale Kommunikation zur Mitteilung des Inhaltes zu verwenden und unsere nonverbalen Fähigkeiten zum Disziplinieren. Wir wissen, daß der kinästhetische Schüler durch die körperliche Gegenwart des Lehrers beeinflußt wird. Daher besteht präventives Unterrichtsmanagement unter anderem darin, sich während der Präsentation im Raum umherzubewegen und sich besonders in der Nähe der kinästhetischen Schüler aufzuhalten. Diese gruppendynamische Technik wäre leicht zu erlernen und anzuwenden, wenn wir nicht eine Gewohnheit hätten, die wir zum Herstellen von individuellem Rapport erlernt haben: auf den Fragesteller oder die aufgerufene Person zuzugehen.

A3-10

Stellen Sie zwei Tage lang auf traditionelle Weise Rapport her. Wenn Sie vorn im Raum stehen, gehen Sie auf den Schüler zu, den Sie aufrufen. Wenn ein Schüler eine Frage stellt, gehen Sie auf diesen Schüler zu.

Nachdem Sie Ihre natürliche Tendenz beobachtet haben, auf den Schüler zuzugehen, den Sie aufrufen, gehen Sie nun – ohne den Schüler anzuschauen, den Sie aufrufen wollen – absichtlich auf die Seite des Raumes, die dem Platz des Schülers gegenüber liegt bzw. am weitesten entfernt ist. Natürlich müssen Sie zugleich auf intelligente Weise Ihre inhaltliche Darstellung weiterführen, während Sie fortgehen. Vielleicht suchen Sie sich ein Stelle im Raum, an der einige kinästhetische Schüler sitzen. Wenn Sie an Ihrer geplanten Stelle angekommen sind, drehen Sie sich zu dem Schüler um, den Sie aufrufen wollen. Schauen Sie diesen Schüler an und rufen Sie ihn auf. Nun sind Sie mit Ihren Augen bei dem Schüler, der entfernt sitzt und körperlich sind sie den anderen Schülern nahe. Ihre Stimme und Ihre Anwesenheit halten die Schüler, die Ihnen körperlich nah sind, aufmerksam, während Ihr Blick die Schüler, die weiter weg sitzen, ebenfalls „bei der Stange" hält.

Üben Sie zwei Tage lang dieses *Auf der anderen Seite des Raumes*. Berichten Sie über den Unterschied in der Aufmerksamkeit der Schüler, wenn Sie diese Strategie im Vergleich zur ersteren benutzen.

Verbaler Rapport mit „schwer erreichbaren" Schülern

Da wir sowohl Hunde als auch Katzen halten, sind Gail und ich davon überzeugt, daß Gott uns die ersteren gegeben hat, damit wir uns als nonverbale Kommunikatoren erfolgreich fühlen, während er uns die letzteren gab, damit wir bescheiden bleiben. (Näheres hierzu s. M. Grinder: Führung durch Charisma)

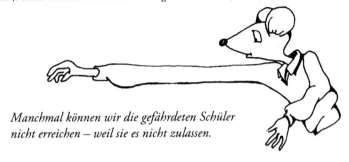

Manchmal können wir die gefährdeten Schüler nicht erreichen – weil sie es nicht zulassen.

Wir müssen eine Spur legen, ihr Interesse erregen – sie müssen von sich aus zu uns kommen wollen.

WAS IST IHR REZEPT FÜR ZUCKER UND ZIMT?

Es gibt einen gewissen Prozentsatz von Schülern, die nicht durch den Ruf oder die Autorität der Lehrerin zu motivieren sind. Der Anteil ist von Schule zu Schule unterschiedlich, aber in der Regel sind zwischen 5 und 15 Prozent *schwer erreichbar*. Schulen im Zentrum von Ballungsgebieten haben den höchsten Anteil, und dieser Anteil ist weiterhin im Steigen begriffen. Dies sind gewöhnlich rechtshemisphärische Schüler, die auf normale Maßnahmen zur Aufrechterhaltung der Ordnung nicht ansprechen. Man kann diese Schüler durch eine besondere Form von Rapport erreichen. Etwa dadurch, daß wir unsere Unterrichtsstunde so gestalten, daß für diese Schüler etwas Interessantes dabei ist. Dann werden sie viel aufmerksamer. Sie müssen natürlich geschickt herausfinden, wo die besonderen Interessen dieser Schüler liegen. Am besten tun Sie das in Situationen, in denen Sie sich nicht in der autoritären Lehrerrolle befinden (während eines Ausflugs, beim Schulfest, beim Vorbeigehen auf dem Schulhof ...). Nehmen Sie Kontakt mit einzelnen Schülern auf und finden Sie im Gespräch heraus, wo die Interessen des Betreffenden liegen.

A3-11
A3-12

Jugendliche und Ältere

Beim Unterricht in unteren Klassenstufen kann man als Lehrerin den Schüler anschauen, während man über ein Thema spricht, das bei ihm großes Interesse weckt. Beim Unterrichten von Jugendlichen und Älteren ist es effektiver, den Schüler nicht anzuschauen, während man Häppchen seines Interessensgebietes in die Darstellung einstreut. Warum? Ein Wesenszug, der den rechtshemisphärischen Schüler vom Rest der Schülerpopulation unterscheidet, ist seine Tendenz, „selbstselektiv" zu sein. Er behält sich das Recht vor, seine Beziehungen mit anderen selbst auszuwählen, besonders mit Leuten von Rang und Namen. Dieser Schüler will nicht, daß andere entscheiden, eine Beziehung mit ihm aufzunehmen; wenn also die Lehrerin den Schüler anguckt, während sie von seinem Interessensgebiet spricht, weiß er, daß sie mit Absicht diesen Trick benutzt. Die Reaktionsspanne reicht dann von „Lassen Sie mich in Ruhe", „Ich lasse mich nicht manipulieren", „Mensch, die kann man aber leicht kontrollieren", bis hin zu „Gerade eben habe ich das Ruder in dieser Klasse übernommen".

Positive Intrigen

In dem Augenblick, in dem wir das Interessensgebiet dieser Schüler ansprechen und wahrnehmen, daß sie beginnen, uns anzuschauen, sollten wir uns ein bißchen von ihnen wegdrehen. Da wir sie nicht direkt anschauen, wissen sie nicht, ob wir das Thema gerade ihretwegen angeschnitten haben, oder ob wir vielleicht selbst daran interessiert sind. Sie fühlen sich zu uns wie magisch hingezogen. Genau das fasziniert sie, und diese Schüler lieben es,

88

fasziniert zu sein. Sie jagen hinter uns her, sie entscheiden, sie wählen uns aus.

A3-13

Timing   A3-14

Je länger jemand unaufmerksam ist, desto intensiver werden seine Tagträume. Je länger jemand in derselben Körperhaltung ist, desto tiefer geht diese Person in den entsprechenden mentalen Zustand. Jeder mentale Zustand wird durch eine bestimmte Körperhaltung repräsentiert und aufrechterhalten. Je früher wir sehen, daß ein Schüler beginnt, sich auszublenden und wir sein Interessensgebiet ansprechen, desto wahrscheinlicher wird er unsere Bemerkung hören.

Mit dem folgenden Arbeitsblatt wollen wir diese Behauptung testen, indem wir das Gegenteil dieses Grundsatzes machen. Wenn Sie Nummer 5.2 bis 5.5 nicht innerhalb derselben Stunde machen können, dann machen Sie 5.2 und 5.4 in einer Stunde sowie 5.3 und 5.5 in einer anderen.

A3-15

Zusammenfassung

Welche Einsichten haben Sie gewonnen, wenn Sie auf dem Arbeitsblatt die Resultate des guten Timings (5.4 und 5.5) mit der weniger empfohlenen Methode (5.2 und 5.3) vergleichen? Weiter hinten in Kapitel 5 wird unter der Fertigkeit *Von Macht zu Einfluß* das Konzept der „Vakuumpause" behandelt. Wenn Sie dieses Konzept erst einmal gelernt haben, werden Sie noch viel effektiver sein, wenn Sie innerhalb dieser Vakuumpause das Interessengebiet des Schülers nennen.

Beim Militär gibt es die Regel: „Führ den letzten Befehl zuerst aus."
In der Schule jedoch geht es so: Sobald die Schüler Handlungsverben
hören wie „nehmt ...," „öffnet ...," „jetzt machen wir ...,"
„macht Platz für ...",
dann tun sie gewöhnlich folgendes:
  • sie fangen an, sich zu bewegen und als Folge
  • sie können nicht mehr richtig zuhören.

Handlungsverben sollten zuletzt kommen

Handlungsverben zuletzt

Hören Schüler die Lehrerin Tätigkeitswörter sagen wie „nehmt", „öffnet", „tut", „macht", so werden sie körperlich aktiv. Wenn der Körper der Schüler aktiviert ist, nimmt die Fähigkeit zum Zuhören mit zunehmender Körperbewegung ab. Sagt eine Lehrerin: „Nehmt eure Bücher heraus und schlagt Seite dreiundvierzig auf", veranlaßt die Aufforderung „Nehmt ... heraus" die Schüler, ihre Bücher aus den Schultaschen zu holen. Die Seitenzahl hört eine Reihe von ihnen schon nicht mehr, so daß die Lehrerin sie mehrmals wiederholen muß. Sie hat unabsichtlich eine Spaltung in der Klasse hervorgerufen. Hier ist die Lehrerin und die Schüler, die ihr Buch auf Seite dreiundvierzig aufgeschlagen haben, und dort sind die Schüler, die nicht wissen, auf welcher Seite sie sind. Im Grunde ist die Stunde etwas aus dem Takt geraten. Es gibt einige Möglichkeiten, diese Schwierigkeit zu umgehen:

• Wann immer möglich, sollten Sie die Verben, die die Schüler zum Handeln animieren (in der Videoserie als *Tatworte* bezeichnet) zuletzt sagen. Zum Beispiel: „Eure nächste Aufgabe findet ihr im Physikbuch auf Seite 43; holt es jetzt heraus."

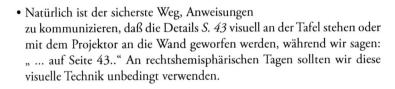

• Wenn Sie ein Handlungsverb sagen müssen, ist es sicherer, wenn Sie die Schüler „einfrieren", so lange Sie sprechen. Verwenden Sie eine nonverbale Geste, zum Beispiel eine erhobene Hand wie ein Verkehrspolizist, während Sie sagen: „Gleich – in der nächsten Minute – nehmt ihr eure Physikbücher heraus und seht euch Seite 43 an." Stellen Sie sicher, daß Sie die nonverbale Geste so lange beibehalten, bis Sie möchten, daß die Klasse beginnt.

• Natürlich ist der sicherste Weg, Anweisungen zu kommunizieren, daß die Details *S. 43* visuell an der Tafel stehen oder mit dem Projektor an die Wand geworfen werden, während wir sagen: „ ... auf Seite 43.." An rechtshemisphärischen Tagen sollten wir diese visuelle Technik unbedingt verwenden.

Entwerfen Sie für die nächsten zwei Tage Unterrichtsstunden, in denen Handlungsverben angesagt werden müssen. Testen Sie den oben genannten Grundsatz, indem Sie das Gegenteil des empfohlenen Ansatzes machen. Auf

A3-16

diese Weise können Sie die Unterschiede zwischen der traditionellen Weise, in der Sie aktivierende Wörter am Anfang der Anweisungen benutzen, vergleichen mit der vorgeschlagenen Art und Weise, entweder diese Wörter später einzusetzen oder die Klasse durch nonverbale Gesten „einzufrieren", oder beides.

Wechseln Sie nun zum empfohlenen Ansatz. Nennen Sie das Handlungsverb entweder am Ende der Anweisung und/oder verwenden Sie eine nonverbale Geste, um die Schüler still zu halten, während Sie die Anweisung geben.

A3-17
A3-18

Gab es einen Unterschied in den Ergebnissen beim Vorgehen nach Arbeitsblatt A3-16 und der empfohlenen Vorgehensweise nach Arbeitsblatt A3-17 und A3-18?

ZUM SCHLUSS

Übergang zur Stillarbeit

Kapitel 4
Übergang zur Stillarbeit

„Kein Wind ist günstig, wenn man nicht weiß,
zu welchem Hafen man segelt."
Seneca

Das nächste Kapitel heißt *Stillarbeit.* Der Versuch, diesen Abschnitt des Unterrichts effektiv zu gestalten ist wie ein Fluch, der dem Lehrer auferlegt ist. Wir sind ständig damit beschäftigt, die ganze Gruppe im Griff zu halten, in der Hoffnung, daß wir Einzelne individuell unterstützen können. In der Geschäftswelt gibt es die Redensart, daß Manager achtzig Prozent ihrer Zeit damit verbringen, zwanzig Prozent ihrer Mitarbeiter zu kontrollieren. Übersetzt in den Schulbereich heißt das: Wir verbringen in der Stillarbeit sechzig bis achtzig Prozent unserer Zeit mit den gleichen vier bis sechs Schülern.

Warum sprechen wir hier über Probleme bei der Stillarbeit? Die Produktivität, die in der Stillarbeit entsteht, hängt davon ab, wie wir die Segel beim Verlassen des Hafens des Unterrichtens setzen, um in Richtung Stillarbeit zu segeln. In diesem Kapitel wird die kleinste Anzahl Fertigkeiten behandelt. **Produktivität** Lassen Sie sich jedoch nicht durch die Menge irreführen. Damit Sie in der Stillarbeit nonverbale Techniken anwenden können, müssen klare und prägnante visuelle Anweisungen beim *Übergang zur Stillarbeit* gegeben werden. Diese Anweisungen müssen während der gesamten Stillarbeitsphase sichtbar sein, damit das verbale Disziplinieren auf ein Minimum reduziert bleibt. Gehen Sie also sicher, daß Sie auf jeden Fall Ihre Motivation für eine gute Atmosphäre bei der Stillarbeit auf das Meistern dieser Übergangsfertigkeiten übertragen: *Regieanweisungen zur Stillarbeit* und *Die wichtigsten 20 Sekunden.*

Eines der höchsten Ziele des in diesem Buch propagierten Ansatzes besteht darin, in unserem Beruf den Wechsel zu vollziehen vom Disziplinieren mit *Macht* zum Management mit *Einfluß.* Jede Anweisung, die visuell präsentiert wird, hilft die Beziehung zwischen dem Lehrer und denjenigen Schülern **Beziehungen** zu bewahren, die Disziplinierung brauchen. Wieso? Wenn ein Lehrer eine Schülerin mündlich daran erinnert, was sie tun sollte, verbindet die Schülerin das daraus resultierende Gefühl, getadelt worden zu sein, unbewußt mit der Person des Lehrers. Wenn der Lehrer die Aufmerksamkeit der Schülerin auffängt und sie nonverbal anleitet, auf die Anweisungen an der Tafel zu

95

schauen und sie zu befolgen – dann ist die Tafel der „Schwarze Peter" und nicht der Lehrer. Im ersteren Szenario sind nur zwei Parteien anwesend: der Lehrer und die Schülerin; in der Fachsprache wird dies „Verhandlung" genannt. In der letzteren Szene sind im übertragenen Sinn drei Parteien anwesend: die Tafel, die Schülerin und der Lehrer; daher ist hier eher der Begriff „Vermittlung" (Mediation) angebracht. Die Schülerin kann den Lehrer als einen Vermittler ansehen. Selbst wenn der Lehrer als der „Buhmann" angesehen wird, übernimmt die Tafel zumindest auch einen Teil der Schuld. Versuchen Sie daher, wenn möglich, immer eine visuelle Repräsentation der Anweisung zu geben.

Die *Regieanweisungen zur Stillarbeit für Fortgeschrittene* sind ideal bis zur fünften Klasse, aber in modifizierter Form sind sie auch für höhere Klassen effektiv.

Mäusequiz

Flüssiges Shampoo kam 1958 auf den Markt – acht Jahre nach der Produktentwicklung.

Die automatische Kupplung wurde erstmals 1930 entwickelt. Wie lange dauerte es, bis sie umgesetzt wurde?

Regieanweisungen zur Stillarbeit:
Verfeinerungen

*Hätte Gary Larson, Autor der Comicserie **Far Side** (dt. **Die andere Seite**) einen komischen Film über den Schulbereich gemacht, hätte er möglicherweise die folgende Szene aus einer sehr linkshirnigen Schule mit einbezogen: Anstelle einer **graphischen Darstellung** des Fluchtweges bei Ausbruch eines Brandes hängt diese Information dort als vollständig **ausformulierter Text** neben der Tür. Die Lehrerin, die zur Vertretung in der Klasse ist, hält die Klasse bei der Evakuierungsübung an der Tür zurück, während sie liest, welchen Fluchtweg die Klasse nehmen soll. Als einige der Schüler schon anfangen zu maulen und zu stöhnen, sagt sie über die Schulter: „Wenn es euch zu heiß wird, haltet euch von den Flammen fern. Ich bin fast durch mit dem Lesen."*

*Gewöhnlich geht es nicht um die Frage, ob die Schüler die **Regieanweisungen** lesen können. Vielmehr geht es darum: „Werden sie sie lesen?" Da die schwierigen Schüler eher in **konkreten Gegenständen** denken als in **Worten**, sollten **graphische Darstellungen** eingesetzt werden. Ein Lehrer ließ in einem Kopierladen von seinem Arbeitsbuch eine vergrößerte Farbkopie machen, die auch noch aus der letzten Reihe gut zu erkennen war. Er plazierte ein weißes Viereck in die Mitte und laminierte das ganze. Auf diese weiße Stelle schreibt er mit einem abwischbaren Stift die jeweilige Seite der Aufgaben, die die Schüler machen sollen.*

Die Vorschläge in Kapitel 1 unter *Regieanweisungen zur Stillarbeit* lauteten:

• Visuelle Anweisungen bringen größere Klarheit und verdoppeln die Behaltensdauer.
• Benutzen Sie konsequent und systematisch den gleichen Platz und die gleiche Farbe für alle Überleitungen zur Stillarbeit.
• Bereiten Sie laminierte Schilder vor für die Informationen, die Sie regelmäßig einsetzen.

Es folgen einige zusätzliche Vorschläge, die Ihnen den Übergang von der Unterrichtsphase der Stunde zum Abschnitt *Stillarbeit / Hausaufgaben* erleichtern können. Aufgrund der besonderen Natur dieser Fertigkeiten sollten Sie vielleicht nach dem Einüben jeder Technik einen Beobachter in Ihren Unterricht einladen, bevor Sie die nächste Fertigkeit lernen.

Still hinzeigen

Es wäre unrealistisch, wollten wir annehmen, daß die Schüler von der bisherigen Form, uns bei der Stillarbeit um verbale Wiederholung der Arbeitsanweisungen zu bitten, über Nacht dazu übergehen, sie tatsächlich von der Tafel abzulesen. Lernen Sie innerhalb der Stillarbeit – wenn die Schüler Fragen stellen, die an der Tafel beantwortet sind (zum Beispiel: „Was soll ich als nächstes machen?") still auf die Tafel zu zeigen. Es ist sehr wichtig, dies zu tun, ohne mit der fragenden Schülerin Blickkontakt aufzunehmen. Sie sollten das ohne Blickkontakt tun, so daß die Schüler dies nicht als eine Möglichkeit wahrnehmen, Aufmerksamkeit von Ihnen zu bekommen.

Rückfragen

A4-1

Wenn Sie die *Regieanweisungen zur Stillarbeit* gegeben und sie an der Tafel oder auf laminierten Schildern aufgeschrieben haben, fragen Sie: „Gibt es noch Fragen?" Wenn Sie auf die Nachfragen der Schüler antworten, stellen Sie sicher, daß Sie die Information – zusätzlich zur mündlichen Beantwortung – auch an die Tafel schreiben, andernfalls werden Sie wahrscheinlich die gleiche mündliche Information mehrmals geben müssen.

Graphische Darstellungen

Rechtshemisphärische Schüler tendieren dazu, mehr auf graphische Darstellungen, Symbole und wirkliche Gegenstände statt auf Worte zu achten. Setzen Sie diese so oft wie möglich auf ihren Folienschildern oder an der Tafel ein. Wenn der Lehrer zum Beispiel ein Arbeitsbuch benutzt, könnte er von dem Einband des Buches eine Farbkopie machen und diese laminieren. Dieses Schild könnte er dann mit Magneten an die Tafel heften und die Seitenzahl daneben schreiben. Dies ist eine sehr schnelle und bequeme Art, Ihre *Regieanweisungen zur Stillarbeit* zu geben.

Erst versteckt, dann aufgedeckt

*Es bringt gewisse Vorteile mit sich, die Anweisungen verdeckt zu lassen, bis Sie mit dem **Unterrichten** fertig sind und die Schüler in die **Stillarbeit** entlassen oder sie auch schon mit den Hausaufgaben anfangen können.*

Erst versteckt, dann aufgedeckt

In Klassen, in denen der Lehrer die *Regieanweisungen zur Stillarbeit* schon vor dem Lehrervortrag oder währenddessen aufdeckt, fangen einige Schüler schon mitten im Unterricht mit der Beantwortung an. Es hat Vorteile, wenn Sie die Anweisungen versteckt halten, bis Sie die Unterrichtsphase der Stunde beendet haben und die Klasse dann an die Still- oder Hausarbeit gehen lassen. Wenn Sie jedoch erst am Ende des Vortrags oder der Präsentation beginnen, ausführliche *Überleitungen zur Stillarbeit* anzuschreiben, dauert dies zu lange und kann zu Disziplinproblemen führen.

A4-2

Wie können wir also die *Regieanweisungen zur Stillarbeit* schon vorbereitet haben und damit die Möglichkeit schaffen, sie zur rechten Zeit zu zeigen? Sie können dies tun, indem Sie die laminierten Schilder schon verdeckt auf der Kreideablage der Tafel stehen haben. Oder wenn Sie sie angeschrieben haben, verstecken Sie sie hinter einer heruntergezogenen Landkarte.

Mäusequiz

Die automatische Kupplung wurde erst 1946 eingesetzt – 16 Jahre nach der ersten Entwicklung.

Antibiotika wurden erstmals 1910 entwickelt. Wie lange dauerte es, bis sie schließlich auf den Markt kamen?

Regieanweisungen zur Stillarbeit für Fortgeschrittene

Das Gehirn erkennt und verarbeitet nonverbale Symbole (wie Gesten zum Beispiel) wesentlich schneller als Worte. Mit einem Signal kann eine große Menge an Informationen in kürzester Zeit übertragen werden. Bis in die siebziger und achtziger Jahre mußten Befehle auf der Kommandozeile eingetippt werden, um einen Computer zur Arbeit zu bewegen. Daher meldeten sich Lehrer nur sehr widerstrebend für Computerkurse an, obwohl dies oft von ihnen erwartet wurde. Heutzutage geschieht die Kommunikation durch die Werkzeugleisten mit bewundernswerter Klarheit und Geschwindigkeit.

Wenn wir Zeichensprache benutzen, um eine Schülerin AN die Arbeit zu bringen, brauchen wir dabei keinen Blickkontakt zu haben. Das hilft, die gute Beziehung zu bewahren.

In dieser Technik werden Elemente von *Regieanweisungen zur Stillarbeit* und von *AUS / Leerlauf / AN* zusammengefaßt. Stellen Sie sicher, daß Sie diese beiden beherrschen, bevor Sie die folgende Fertigkeit lernen. Wenn die Klasse bei der Arbeit ist und der Lehrer sieht, daß sich eine Schülerin unangemessen verhält, möchte er sie möglichst schweigend wieder an die Arbeit bringen. Durch die Stille wird die produktive Arbeitsatmosphäre aufrechterhalten. Die *Regieanweisungen zur Stillarbeit* gestatten, die verbale Kommunikation auf ein Minimum zu reduzieren. Die *Regieanweisungen zur Stillarbeit für Fortgeschrittene* bestehen darin, die Anweisungen an der Tafel zu numerieren. Dies erlaubt dem Lehrer, sich während der Stillarbeit wortlos auf bestimmte Teile der Anweisungen zu beziehen. Zum Beispiel hat der Lehrer die folgenden Arbeitsanweisungen numeriert:

1. Mathe: S. 57, 1-15, bitte am Ende der Stunde vorzeigen
2. Rechtschreiben: Kap. 9 bis Freitag
3. Wenn ihr fertig seid, könnt ihr etwas lesen.

Bis zur fünften Klasse kann der Lehrer mit der Klasse spielerisch eine Zeichensprache entwickeln. Mit einem bestimmten Fingerzeichen fordert er dann eine abschweifende Schülerin auf, an die Tafel zu schauen und dem Lehrer still zu signalisieren, an welcher Nummer sie gerade arbeitet. Von der fünften Klasse an wird es gewöhnlich schwieriger, eine solche Zeichensprache zu verwenden. Daher müssen wir ein anderes nonverbales Signal finden, welches soviel bedeutet wie „Nummer". Wir könnten zum Beispiel den Namen der Schülerin sagen, und wenn Sie uns anschaut, ihre Aufmerksamkeit wieder auf die Tafel lenken, unsere Schultern fragend heben und lautlos fragen: „Bei welcher Nummer bist du?"

Die *Regieanweisungen zur Stillarbeit für Fortgeschrittene* garantieren, daß die Schüler wissen, daß der Lehrer weiß, an welcher Aufgabe sie gerade sind und daß sie nonverbal darüber kommunizieren können.

Bei dieser Technik vermeidet man den auditiven Kanal, also einen möglichen Wortwechsel, was besonders bei der Arbeit mit Jugendlichen hilfreich ist.

Und erinnern Sie sich: Eine Schülerin, die abgeschweift war, muß zurück an die Arbeit gegangen sein und zweimal geatmet haben, bevor Sie zu dem zurückgehen können, was Sie vor der Intervention gerade gemacht haben.

A4-3

Mäusequiz

Antibiotika kamen 1940 erstmals auf den Markt – 30 Jahre nach ihrer Entwicklung.
Der Herzschrittmacher wurde 1928 erfunden. Wann kam er auf den Markt?

tillarbeit

Kapitel 5
Stillarbeit

„Erziehung ist eine Sache des Gleichgewichts
zwischen Disziplin und Nachgiebigkeit ...
zwischen Eingebundensein und Unabhängigkeit.
Es gibt keinen einfachen vorgeschriebenen Weg,
um dieses Gleichgewicht zu schaffen; und das richtige Maß
in einem Moment (könnte) schon im nächsten falsch sein. "
Lewis Mumford

Auf die Momente, in denen die Klasse produktiv beschäftigt ist, ist jede Lehrerin besonders stolz. Die Atmosphäre ist so zufriedenstellend, denn Bedürfnisse werden gestillt und selbständiges Lernen kann stattfinden. Dies sind die Augenblicke, die uns für all unsere Anstrengungen belohnen. Und während Sie es in vollen Zügen genießen, machen Sie eine Pause und denken sich: „Könnte ich doch nur herausfinden, wie man das in Flaschen abfüllt". Diese Überlegung kommt daher, daß diese Momente so geheimnisvoll flüchtig sein können. Im nun folgenden Kapitel wird erforscht, wie man diese Produktivität erhöhen kann. Aber glauben Sie mir: Die erfolgreiche Stillarbeitsatmosphäre ist ein Ergebnis des Einsatzes der Fähigkeiten beim *Übergang zur Stillarbeit*, nämlich der *Regieanweisungen zur Stillarbeit* und der *wichtigsten 20 Sekunden*. Bevor Sie also die Abenteuer weiter verfolgen, die dieses Kapitel in sich birgt, stellen Sie sicher, daß Sie die Voraussetzungen hierfür gemeistert haben: die Arbeitsblätter zum *Übergang* (A1-7 und A1-8, A4-1 bis A4-3) plus die Fertigkeiten, die sich direkt auf die Stillarbeit beziehen: *AN /Leerlauf/AUS* und *Von Macht zu Einfluß* (A1-9 und A1-10).

Eins der zentralen Themen dieses Kapitels ist die *Macht des Einflusses.* Wenn Lehrer Macht ausüben, um Schüler wieder *AN* ihre Arbeit zu führen, legen sie sich gewissermaßen selbst Handschellen an, indem sie sich zum Auslöser für das gehorsame Verhalten des Schülers machen. Wenn wir jedoch subtil unseren *Einfluß* nutzen, bringen wir die Schüler dazu zu glauben, daß sie sich selbst motivieren. In diesem Kapitel werden einige grundlegende Annahmen des Schulsystems unterschwellig in Frage gestellt. Lehrer sind das Produkt eines Systems, in dem das rechtshemisphärische Denken

Motivation

geschrumpft und das linkshemisphärische, lineare Denken zum Selbstläufer geworden ist. Der „historische Kniesehnenreflex" besteht in dem Glauben, es gäbe eine „Systemlösung" für die Leiden in unseren Klassen; daher entpuppt sich die alljährliche Reise zu einem pädagogischen Mekka nur immer wieder als eine neue, kurzlebige Erziehungsmode. Jede Studie über die „Problemschüler" (in den USA) zeigt, daß vom Standpunkt des Lernstils kinästhetische Schüler und Schule nicht vereinbar sind. Was macht die Lehrerin „an der Front" also morgen? „Systeme" haben keine Auswirkung auf diese Gruppe – nur Beziehungen!

Wir können wertvolle Einsichten gewinnen, wenn wir von der Mediation lernen, wo Konflikte auf drei Ebenen betrachtet werden. Ein Streit kann

3 Ebenen der Meinungsverschiedenheit   stattfinden auf der
- Sachebene
- Bedürfnisebene
- Beziehungsebene

Die Faustregel besagt: Wenn Sie mit jemand auf der *Sachebene* in Konflikt liegen, dann suchen Sie eine *Beziehung* zu der anderen Partei. Die Frage eines Lehrplans für kinästhetische Schüler liegt gegenwärtig außerhalb des Blickfeldes der Schule. Diesen Schülern werden ihre Rechte entzogen, denn sie können durch Schulerfolg keine Anerkennung bekommen. Als Pädagogen haben wir die Wahl, Beziehungen zu etablieren. Wenn sich eine Beziehung erst einmal gebildet hat, haben beide Seiten das *Bedürfnis*, diese Beziehung aufrechtzuerhalten, während sie sich um die *Sache* kümmern. Wenn es keine Beziehung gibt, kann die Lehrerin nur auf *Macht* zurückgreifen. Versuchen Sie, an unser Ziel von positivem Kontakt zu denken, wenn Sie die folgenden Fertigkeiten lernen. Der Zeitaufwand und die Mühe lohnen sich, denn daraus erwächst der Vorteil, unseren *Einfluß* nutzen zu können. Die Beziehungsfertigkeiten erfordern Timing. Wenn Sie diese Techniken zuerst bei ihren durchschnittlichen Schülern einsetzen, werden Sie schließlich das Timing entwickeln, das Sie für die schwierigeren Schüler brauchen.

Die folgenden Fertigkeiten sind hervorragend geeignet für die *Stillarbeit: AN / Leerlauf / AUS : Verfeinerungen* und die zwei positiven Verstärkungen: *Einzelkontakt* und *Gruppenfeedback*. Die Methode *Drei vorweg* wurde für die erste bis fünfte Klasse entwickelt. In diesem Kapitel finden Sie auch die anspruchsvollsten Fertigkeiten des gesamten Buches: *Phantomhand* und *Vakuumpause* (Teil von *Von Macht zu Einfluß*). Eigentlich kann die vollkommene Tragweite dieser Fertigkeiten erst bei einer Demonstration während eines Seminars oder zumindest auf Video ermessen und geschätzt werden.

anspruchsvolle Fertigkeiten

V4

Wieviele Martins haben Sie in Ihrer Klasse?

Von Macht zu Einfluß – Verfeinerungen

In verschiedenen anderen Abschnitten wurde vorgeschlagen, eine neue Fertigkeit am besten zuerst mit leicht auffälligen Schülern zu lernen, denn es erleichtert Ihnen das Üben des Timings. Beim durchschnittlichen Schüler können Sie den *indirekten* Ansatz mit *Einfluß* nutzen, um ihn wieder zu angemessenem Verhalten zurückzuführen. In diesem Abschnitt geht es um die „schlimmsten Fälle" unter den Schülern. Die Sanftheit des *indirekten* Ansatzes ist bei ihnen oft zu subtil. Wir sind gezwungen, auf *Macht* zurückzugreifen, um ihre Aufmerksamkeit zu gewinnen. Das erinnert mich an die Geschichte eines Herrn aus der Großstadt, der genug Geld gespart hatte, um sich ein Bauernhaus im Grünen zu kaufen.

Mit seinem Nachbarn hatte er vereinbart, daß er in seinem ersten Frühling auf dem Land das Maultier des Bauern mieten könne, um ein Stückchen Erde für seinen Garten umzupflügen. Frisch und munter stand er auf und aß ein herzhaftes Frühstück. Zur abgemachten Zeit traf sein Nachbar mit „Martin" ein.

Nachdem er das Lasttier angespannt hatte, verabschiedete sich der Bauer. Der feine Herr faßte die Griffe des Pflugs und stand erwartungsvoll an dem einen Ende seiner zukünftigen selbstangebauten Gemüsebeete. Doch obwohl er seine besten Tricks anwandte, konnte er das Maultier nicht in Bewegung bringen.

Nach einiger Zeit der Frustration suchte er schließlich weisen Rat beim Bauern. Der Eigentümer des Maultiers fragte den Herrn, ob er mal mit den Zügeln geruckt und mal damit auf das Hinterteil des Tiers geschlagen hätte; und ob er „Hüüah" gerufen hätte; ob er sich vor das Maultier gestellt und an seinem Halfter gezogen hätte. Als alle Antworten „ja" lauteten, machte der Bauer einen Moment Pause, ergriff dann ein Vierkantholz, hielt es hinter seinem Rücken versteckt und ging auf Martin zu. Während der Neuankömmling pflichtgemäß am Pflugsterz stand, schaute der Bauer seinem Maultier direkt in die Augen und hieb ihm dann mit dem Holz eins über den Kopf.

Der Städter war gelinde gesagt geschockt, aber noch im selben Moment wurde er vom Maultier vorwärts gezogen. Viel schneller als erwartet war der Boden umgepflügt. Nachdem er Martin in seinen Stall zurückgebracht hatte, näherte sich der immer noch erschütterte

Gärtner dem Bauern, um ihm zu danken und zu fragen: „Helfen Sie mir bitte zu verstehen, wie Sie über das denken, was Sie da getan haben!" Nachdem der Bauer sich zweimal an seinem Bauch gekratzt hatte, antwortete er: „Martin möchte eigentlich gerne kooperieren, und Sie möchten gut mit ihm umgehen; Sie müssen nur erst einmal seine Aufmerksamkeit gewinnen."

Wie im Fall von Martin ist dieser Ansatz mit den „schlimmsten Schülern" in Ordnung, solange Sie sich nicht verfangen. Wir sollten *Macht* nur anwenden, um den Schüler vom *AUS*-geschaltet-Sein in den neutralen Zustand des *Leerlaufs* zu bringen. Dann sollten wir *auflösen & atmen* und Zugang durch *Einfluß* gewinnen, um den Schüler indirekt vom Leerlauf zum *AN*-Sein zu führen.

ungetrübte Beziehungen

Ich habe mich einmal angeboten, eine Fortbildung für eine Vorschulstufe in einem Privatkindergarten zu geben. Die Leiterin hatte es so arrangiert, daß ich die drei besten und die drei schwächsten Erzieherinnen im Unterricht besuchen konnte. Ziel war es, den Unterschied zwischen den zwei Gruppen zu bestimmen und den letzteren das zu geben, was die ersteren hatten. Meine Beobachtungen brachten ans Licht, was genau hinter dem steckte, das oberflächlich betrachtet so aussah wie ein körperliches Ergreifen einiger Kinder, die außer Kontrolle schienen. Zuerst dachte ich, die weniger effektiven Erzieherinnen würden sich öfter Kinder packen als die effektiven. Obwohl das zutraf, deckten weitere Beobachtungen auf, daß die besseren Erzieherinnen es aber auch schafften, die Kinder schneller wieder an ihre Aufgabe zu bringen und sie länger *AN* der Aufgabe zu halten. Und der reale Beweis dafür war, daß die Kinder nach der Disziplinierung oft innerhalb der nächsten zwei Minuten die Erzieherin riefen, um ihr etwas zu zeigen, was sie stolz geschafft hatten. Mit anderen Worten, die Beziehung blieb trotz der Disziplinierung erhalten.

Wechsel zu Einfluß

Es reizte mich, daß zwei Gruppen von Erzieherinnen die gleichen Interventionen machten, ihre Ergebnisse aber um Welten auseinanderlagen. Nach ausführlichen Beobachtungen tauchte der Unterschied zwischen den beiden Gruppen auf. In jeder Gruppe taten die Erzieherinnen am Anfang das gleiche: Sie intervenierten mit *Macht*, aber die Erzieherinnen mit den besseren Fertigkeiten wechselten schnell zu *Einfluß*. Zwei Details blieben mehr oder weniger konstant: Sobald das Kind die Erzieherin anschaute und sie wußte, daß es aufmerksam war, brach die Erzieherin den Blickkontakt ab und schaute auf die Arbeit des Kindes. Es war, als wenn die Erzieherin nonverbal mitteilten würde: „Du als Person bist in Ordnung; ich bin nur über dein

Verhalten besorgt!" Die zweite Art dieses Sich-Kümmerns lag darin, wie die Erzieherin das Kind anfaßte. Wenn sie es am Ellbogen packte und das Kind dann die Erzieherin anschaute, hielt sie es zwar weiterhin am Ellbogen, aber das Kind hatte volle Freiheit, seinen Arm zu bewegen und seine Haltung zu verändern. Die Hand der Erzieherin und der Ellbogen des Kindes waren wie Tanzpartner. Die Erzieherin führte am Anfang mit einem Ruck, um das Kind aus seiner Fantasiewelt des *AUS*-Seins aufzurütteln und es in den *Leerlauf* zu bringen, und dann führte das Kind sich selbst *AN* die Aufgabe.

Da diese Fertigkeiten sehr anspruchsvoll sind, bitte ich Sie als Leserin und Leser, ehrgeizig genug zu sein und die unten aufgelisteten Abschnitte erst zu vollenden, bevor Sie mit dem darauffolgenden weitermachen.

Geduld ist erforderlich

* *Von Macht zu Einfluß*, sowohl die Arbeitsblätter A5-1 bis A5-4 aus Teil I als auch die Beobachtungsbögen B10-1 und B10-2 aus Teil II
* *AUS / Leerlauf / AN*, sowohl die Arbeitsblätter A5-5 bis A5-7 aus Teil I als auch Beobachtungsbögen B10-3 bis B10-6 aus Teil II
* *Entgiften des Klassenzimmers*, Teil I (A2-8 und A2-9)
* *Auflösen & Atmen*, die Arbeitsblätter aus Teil I (A2-10 bis A2-14)

Wenn Sie die oben genannten vorausgesetzten Übungen durchführen, haben Sie das Wissen und die Fähigkeiten, die folgenden Fertigkeiten anzuwenden:

* Erkennen von *AUS*- gegenüber *Leerlauf* gegenüber *AN*-geschaltet-Sein
* den Unterschied zwischen *direkt = Macht*, gegenüber *indirekt = Einfluß*
* mentale Zustände durch bestimmte Plätze im Raum zu unterscheiden
* die Rolle des Atmens bei allen genannten Punkten

Überblick

Wir nehmen an, daß der indirekte Ansatz nicht erfolgreich war. Der extrem rechtshemisphärische kinästhetische Schüler lebt in einer anderen Welt, er gehört zu den Mitgliedern des „ASW-Clubs". (ASW = *Anfassen-schafft-Wissen* oder *Aufmerksamkeit-schnell-weg*; in Anlehnung an das engl. Wortspiel *ESP Club = Extra Sensory Perception* oder *Earth as a Second Planet*).

Wenn unsere Herangehensweise zu subtil ist, bleibt dieser Schüler geistesabwesend. Daher beginnen wir mit *Macht* und wechseln dann zu *Einfluß*. Wir wenden dabei einige oder alle nonverbalen Komponenten des Machtansatzes an:

Machtansatz
- Lehrerin geht von vorn auf den Schüler zu
- Lehrerin nimmt Blickkontakt auf
- Lehrerin atmet hoch und flach
- Lehrerin ist verbal, vielleicht mit lauter Stimme

Wenn Sie erst einmal die Aufmerksamkeit des Schülers haben (er ist im *Leerlauf*), sollten Sie zum indirekten Zugang mit Einfluß wechseln. Man tut das, indem man alle nonverbalen Signale wegläßt, die zum direkten Einzelkontakt gehören. Dazu gehört, daß jeglicher Blickkontakt eingestellt wird, man nicht mehr hoch und flach atmet und keine feste Berührung oder laute Stimme mehr vorkommen. Statt dessen wechseln wir zur Betonung der Beziehung *Person - Inhalt*. Dies wird erreicht durch:

Einflußansatz
- sich an die Seite des Schülers stellen
- auf die Arbeit des Schülers auf seinem Tisch schauen
- tief und voll atmen
- weiter entfernt stehen
- entweder gar nicht oder im Flüsterton sprechen

A5-1

Dieser Wechsel von einer disziplinierenden zu einer unterrichtenden Rolle ist im Grunde das, was wir getan haben, als wir *Lauter (Pause) Flüstern* übten.

In den folgenden Arbeitsblättern werden Sie dies alles natürlich in einer einzigen Intervention machen, auch wenn die Fragen zu den einzelnen Stufen separat aufgeführt sind. Beschreiben Sie in dem Arbeitsblatt auch, welche Aspektes des Machtansatzes Sie eingesetzt haben.

112

Beobachtungsfertigkeiten
Was Sie gleich machen werden, ist eine sehr subtile, aber äußerst wirkungsvolle Fertigkeit. Sie werden das Timing lernen und üben. Diese Fertigkeit
verlangt von Ihnen Geduld und eine Selbstverpflichtung, die Beobachtungs-
fertigkeiten zu üben. Dies erinnert mich an eine Korrespondenz zwischen
Dr. Livingston in Afrika und einem Kollegen zu Hause in Großbritannien.
Der erstere bekam vom letzteren einen Brief, in dem stand: „Haben Sie einen
Weg hinterlassen? Wir haben hier einige Forscher, die wir Ihnen schicken
wollen." Livingston antwortete: „Wenn sie einen Weg brauchen, schicken
Sie sie nicht!"

„Problemschüler" sind oft hyperaktiv. Eine mögliche Beschreibung ihres
Verhaltens könnte sein:

- impulsiv und äußerst schnell
- extrem kurze Aufmerksamkeitsspannen
- konzentrieren sich nicht gut und nicht lange
- Intelligenz über dem Durchschnitt
- nach außen orientiert, hohe Ablenkungstendenzen

Charakteristika
des Verhaltens
von
Problem-
schülern

Aufgrund dieser Eigenschaften bleiben sie weder im *AN*-geschalteten
noch im *AUS*-geblendeten Zustand lange bei derselben Sache. Sie sind wie
Fliegen, die ohne Ziel von einem Punkt zum anderen schwirren. Wenn Sie
das folgende Arbeitsblatt ausfüllen, werden Sie dieses Muster der Ablenkung
wahrnehmen.

A5-2

Intervention in der Vakuumpause
Da eine Lehrerin oft eine Zwei-Schritte-Intervention machen muß, um den
Schüler vom *AUS*-geschaltet-Sein zum *Leerlauf* und vom *Leerlauf* zum *AN*-
geschaltet-Sein zu führen, kann das Intervenieren innerhalb einer *Vakuumpause* – einem natürlichen *Leerlauf* – einen Schritt ersparen.

Unser Ziel ist es, in der *Vakuumpause* zu intervenieren. Dies kann man
visuell machen (zum Beispiel den Blick des Schülers auf sich ziehen), durch
den auditiven Kanal (zum Beispiel den Namen des Schülers sagen oder sich
räuspern) oder kinästhetisch (gehen Sie auf den Schüler zu oder berühren Sie
ihn). Die Schwierigkeit besteht darin, daß, wenn wir den Schüler in einer
Vakuumpause **sehen** und erst dann **anfangen** zu intervenieren, mittlerweile so
viel Zeit vergangen ist, daß der Schüler nicht mehr in der *Vakuumpause* ist,

sondern sich wieder *AUS*-geschaltet hat und auf etwas Neues fokussiert. Wir haben die Vakuumpause einfach verpaßt in der Lücke zwischen unserem Sehen und unserem Handeln. Daher müssen wir auf den Rhythmus oder die Häufigkeit der *Vakuumpause* und dem nächsten *AUS*-Fokus achten.

Jeder Schüler hat seinen bestimmten Rhythmus, in dem die *Vakuumpause* kommt. In der Regel gibt es auch Anzeichen dafür, daß das Interesse für die Beschäftigung mit einem Gegenstand erlahmt. Dies erlaubt Ihnen, eine Vakuumpause vorauszusagen, und so können Sie mit Ihrer Intervention am Ende eines Fokus anfangen (zum Beispiel ihn anzuschauen, seinen Namen sagen, ihn berühren, usw.). Wenn Sie hier mit Ihrer Intervention beginnen, treffen Sie ihn in seiner *Vakuumpause*.

A5-3

In Ihrer eigenen Klasse

Da Sie jetzt geübt haben, Indikatoren zu erkennen, daß eine Vakuumpause kommt, suchen Sie sich zwei Schüler in Ihrer eigenen Klasse aus, die wirklich oft *AUS*-geschaltet sind. Versuchen Sie, Interventionen zu machen. Was das Üben dieser Fertigkeit so herausragend macht, ist, daß Sie – selbst wenn Sie auf eine Vakuumpause abzielen aber statt dessen einen Fokus treffen – das *Timing* lernen. Wie bei fast jedem Wahrnehmungstraining gibt es kein Versagen, nur Feedback. Wenn Sie in einer Vakuumpause intervenieren, werden Sie von der Wirkung des richtigen Timings überzeugt und daher motiviert sein, weiter zu üben.

A5-4

>>
???   ???
???   „Lehrer gehen von dem Glaubenssatz aus, daß alle Schüler   ???
???   lernen **können**. Und sie handeln nach diesem Glaubens-   ???
???   satz.“   ???
???   Amerikanische Kommission für Schulrichtlinien   ???
???   ???
>>

ES DARF RESPEKTVOLL GEWEINT WERDEN

Paradigmenwechsel

Die Fertigkeit, die jetzt vorgestellt wird, ist sicherlich diejenige, die von allen Fertigkeiten in diesem Buch die meisten Kontroversen hervorrufen wird. Ich glaube zwar auch, daß „alle Schüler lernen können“, aber in vielen Fällen kann das Schulsystem nicht die finanziellen Mittel zur Verfügung stellen, die zur Erfüllung dieses Glaubensbekenntnisses notwendig wären. AUS / Leerlauf / AN: Verfeinerungen bietet einen Paradigmenwechsel an.

116

AUS / Leerlauf / AN: Verfeinerungen

Die zwei Hauptkonzepte, aus denen sich all unsere Stillarbeitsfertigkeiten entwickeln, sind

- *Von Macht zu Einfluß* und
- das Sicherstellen, daß die Schüler *AN* der Arbeit sind, wenn wir weggehen

Zur Verfeinerung wollen wir zwei Konzepte behandeln: *Die Punkt-zu-Punkt-Methode* und den *Abgang in zwei Stufen.*

Punkt-zu-Punkt

An solchen Tagen, an denen wir uns mit dem Versuch abmühen, die Produktivität bei der Stillarbeit hoch zu halten, bewegen wir uns in einer Weise durch die Klasse, die man „Punkt-zu-Punkt-Manier" nennen kann. Erinnern Sie sich, wie Sie als Kind Malbücher hatten, in denen auf leeren Seiten nur Zahlen mit Punkten daneben standen? Diese Punkte haben wir der Reihe nach miteinander verbunden. An Tagen, an denen wir hektisch sind, haben wir die Tendenz, von einem Schüler, der sich gerade *AUS*-geklinkt hat, zum nächsten zu hetzen. Wenn wir in der Mitte des Klassenzimmers oben an der Decke eine Videokamera mitlaufen ließen und uns anschließend das Band im Schnelldurchlauf anschauen würden, könnten wir uns selbst beobachten, wie wir zwischen bestimmten Schülern wie von Punkt-zu-Punkt hin und her laufen. Der Unterschied zwischen dem Malbuch und dem Video ist, daß ersteres einen Sinn ergibt.

Für die folgende **Bestandsaufnahme** empfiehlt es sich, zusätzlich jemanden zum Beobachten in den Unterricht einzuladen, der die Beobachtungsblätter B10-3 bis B10-5 aus Teil II ausfüllt.

A5-5

Das Ergebnis der Beobachtung wird sein, daß einige Schüler den folgenden drei Gruppen zugeordnet werden:

- Gruppe H — Schüler, denen Sie **h**elfen
- Gruppe H & D — Schüler, denen Sie **h**elfen, die Sie aber auch durch **D**isziplinieren wieder an die Arbeit führen müssen
- Gruppe D — Schüler, die Sie hauptsächlich **d**isziplinieren

117

Vorschläge: Sie kennen Ihre eigene Klassensituation viel besser, als jede verallgemeinernde Theorie sie erfassen kann; wenn Sie also die folgenden Vorschläge lesen, stimmen Sie sie bitte auf Ihre Situation ab. Nachdem Sie die Fertigkeiten geübt haben, die zu jeder dieser drei Kategorien von Schülern gehören, wollen Sie vielleicht Ihre Beobachterin einladen. Stellen Sie sicher, daß Sie auch die Anleitung für den korrespondierenden Beobachtungsbogen B10-3 aus Teil II lesen, denn an manchen Stellen unterscheiden sich die Formulierungen.

Gruppe H: Dies sind die Schüler, denen Sie im Einzelkontakt helfen können. In diese Gruppe gehören die Schüler, denen wir alle gern helfen möchten. Manchmal ist es so frustrierend, daß man als Lehrer nicht das tun kann, was man liebt – zu unterrichten. Ein kluger pensionierter Lehrer hat einmal folgende Bemerkung gemacht: „Wir kommen oft nicht dazu, so gut zu sein, wie wir könnten." Wenn ich ihn richtig verstehe,  meinte er, daß die Berufsgruppe der Lehrer an zweiter Stelle steht in der Skala derjenigen Berufe, die am meisten geben. Deswegen wurde die Lehrerin Christa McAuliffe als erste Zivilperson für einen Weltraumflug ausgewählt. Wir lieben es, anderen etwas weiterzugeben, sie zu unterstützen und Dinge zu ermöglichen. Natürlich ist dieses ganze Buch dazu da, unsere Effizienz in bezug auf unsere Managementfertigkeiten zu steigern, so daß wir mehr Zeit haben, den Schülern etwas zu geben. — Ich schlage Ihnen nun vor wahrzunehmen, was Sie für diese Schüler empfinden. Sie liegen uns am Herzen.

Laden Sie nun eine Beobachterin ein, damit Sie Ihnen Feedback über Sie selbst in bezug auf diese Schüler gibt. Stellen Sie sicher, daß Sie den Beobachtungsbogen B10-4 aus dem Abschnitt "Vorschläge" und "Gruppe H" in Teil II lesen. Dort finden Sie die Fragen zur Nachbesprechung, die die Beobachterin Ihnen stellen wird.

Gruppe H & D: Achten Sie besonders auf diese Schüler, denen Sie einerseits im Einzelkontakt helfen, die Sie andererseits aber auch disziplinieren müssen, um sie zu wieder *AN* die Arbeit zu führen. Achten Sie darauf, ob es eine Korrelation gibt zwischen der Tatsache, daß Sie den Schülern geholfen haben und einer Steigerung ihres Arbeitsverhaltens (*AN*-Seins). Mit anderen Worten, verhalten sich die Schüler ungehörig, weil sie *unfähig* sind, sich selbständig mit ihren Aufgaben zu beschäftigen? Wenn das so ist, sollten Sie es nicht mit dem

118

Einfluß versuchen, denn dies würde nicht funktionieren. Statt dessen sollten Sie direkt zu ihnen hingehen und ihnen sobald wie möglich helfen, nachdem Sie die Klasse in die Stillarbeit entlassen haben (*Regieanweisungen zur Stillarbeit* und *die wichtigsten 20 Sekunden*). Wenn Sie nicht hingehen können, sollten Sie nicht versuchen, Wohlverhalten zu erwarten. Die Lehrerin sollte die Schüler als zeitweilig zu Gruppe D gehörig betrachten. Wenn die Schüler niemand anders stören und Sie keine Zeit haben, ihnen zu helfen, überlassen Sie sie einfach sich selbst. Und nun stellen Sie sich eine vielleicht etwas komische Frage: Was für Gefühle haben Sie in bezug auf das, was Sie für die Gruppe H & D empfinden? Mit anderen Worten, inwiefern können Sie akzeptieren, daß Sie selbst Teil eines Systems bilden, das diesen Schülern oft nicht genügend gerecht werden kann. Je realistischer wir unseren Einflußbereich sehen können, desto stolzer können wir auf das sein, was uns zu tun möglich ist – was uns wiederum zu stärkerer Motivation führt. Vielleicht möchten Sie an dieser Stelle über den Grad Ihrer Akzeptanz und Motivation nachdenken und darüber, was nötig wäre, um beide zu erhöhen.

Gruppe D: Mit diesen Schülern haben Sie vorwiegend Kontakt durch **D**isziplinierung, weniger durch gezielte Hilfe. Überlegen Sie, wie oft Sie sie wieder an ihre Arbeit führen, weil:
• es zu ihrem eigenen Besten ist
• ihr ablenkendes Verhalten andere beim Lernen stört.

Für diejenigen, bei denen Sie „zu ihrem eigenen Besten" geantwortet haben, fragen Sie sich, wie effektiv Ihre Zeit und Energie genutzt ist im Vergleich zu der Zeit, die Sie mit den Gruppen H und H & D verbringen. Unser Berufsstand ist dafür berühmt, daß wir aufgrund „philosophischer" Erwägungen Dinge tun, an die wir glauben, selbst wenn dies im Hinblick auf Zeit- und Energieaufwand alles andere als effektiv ist. Es soll also nicht so sein, daß wir planen, die Gruppe D zu ignorieren; der Punkt ist nur, daß sie in der Rangfolge der pädagogischen Dienstleistungen ganz am Ende stehen. Stellen Sie fest, welchen Unterschied es gibt in bezug auf Ihr Selbstwertgefühl und Ihre Produktivität bei der Stillarbeit, wenn Sie folgenden Schritt tun: Unterscheiden Sie zwischen den Schülern der Gruppe D, die andere stören, so daß Sie dazwischengehen müssen und dem anderen Teil, den Sie ignorieren können, da sie niemanden stören.

Zusammenfassung der Punkt-zu-Punkt-Manier

Sie haben einige Schüler den folgenden drei Gruppen zugeordnet:
• Gruppe H — Schüler, denen Sie helfen
• Gruppe H & D — Schüler, die Sie durch Disziplinieren wieder an die Arbeit führen, um Ihnen dann helfen zu können
• Gruppe D — Schüler, die Sie hauptsächlich disziplinieren

Zweck der Übung dieser Fertigkeiten ist zu verhindern, daß Sie in Punkt-zu-Punkt-Manier durch die Klasse rasen. Als Pädagogen haben wir nur begrenzte Zeit und Energie für die Stillarbeit. Wir müssen Prioritäten setzen. Der Vorschlag war, den Gruppen H und H & D zu helfen und bei den Schülern in Gruppe D zu unterscheiden zwischen denjenigen, *die andere beim Lernen stören* und den Schülern, die nicht *AN* sind, aber auch niemanden stören. Bei ersteren intervenieren Sie; die letzteren lassen Sie in Ruhe, es sei denn, Sie haben genug Zeit, sich um sie zu kümmern. Gehen Sie diese Vorschläge noch einmal auf dem folgenden Arbeitsblatt durch.

A5-6

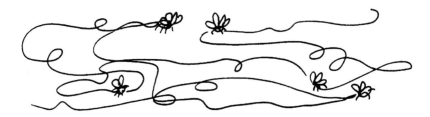

Abgang in zwei Stufen

Die *AUS/Leerlauf/AN*-Methode und *Von Macht zu Einfluß* sind beide darauf ausgerichtet, einen Schüler vom *AUS*-Sein durch den *Leerlauf* zum *AN*-der-Arbeit-Sein zu führen. Durch das Anwenden dieser Fertigkeiten verändert sich das Syndrom des negativen Kontaktes zwischen der Lehrerin und dem „Problemschüler" zu positivem Kontakt. Jetzt taucht ein neues Problem auf: Wie kommt man wieder von dem Schüler weg? Dieses Problem entspringt zwei Gründen. Manchmal ist der Schüler „kontakthungrig" und will die Lehrerin nicht wieder weggehen lassen, zu anderen Zeiten ist unsere Anwesenheit nötig, um ihn *AN* der Arbeit zu halten. In beiden Fällen wird die folgende Fertigkeit hilfreich sein.

Wenn der Schüler mindestens zwei Atemzüge lang *AN* der Arbeit war (das heißt, er hat zweimal ein- und zweimal ausgeatmet):

1a   Bringen Sie langsam Ihren Körper in eine Position, daß Sie aufrecht und neben dem Schüler stehen.
1b   Da Blickkontakt in einer positiven Situation normalerweise den Kontakt in der Interaktion verstärkt und dadurch einen Austausch hervorruft, lassen Sie Ihre Augen auf die Arbeit des Schülers gerichtet. Damit ist die erste Stufe des Abgangs beendet.
2a   Gehen Sie langsam und schrittweise vom Schüler weg, so daß er Sie nicht sehen kann. Beobachten Sie den Schüler, um sicherzustellen, daß er unabhängig von Ihnen *AN* seiner Arbeit bleibt.
2b   Gehen Sie langsam und schrittweise nach hinten vom Schüler weg.

A5-7

Zusammenfassung der Verfeinerungen zu *AUS / Leerlauf / AN:*
• Intervenieren Sie mit dem *Machtansatz*
• Sobald der Schüler im Leerlauf ist, wechseln Sie zu *Einfluß*
• Wenn der Schüler *AN* der Arbeit ist, treten Sie langsam und allmählich zurück
• Entfernen Sie sich langsam und unbemerkt von dem Schüler

*Ein Dichter sagte einmal: „Kinder werden auf jeden Fall unsere Aufmerksamkeit erlangen. Es fragt sich nur, ob dies auf **positive** oder negative Weise geschehen wird. Der Unterschied liegt darin, wie bald und wie oft wir ihnen unsere Aufmerksamkeit schenken.“*

Positive Verstärkung:

Einzelkontakt

Eine bei Pädagogen durchgeführte Untersuchung kommt zu dem Ergebnis, daß Lehrer mehr „an Menschen orientiert" sind als „an Themen orientiert". Die Forschung zeigt, daß ihr Energieniveau höher und ihr Selbstbild besser ist, wenn sie den Schülern „positive Streicheleinheiten" geben. Im Gegensatz dazu senkt sich ihr Energieniveau und das Selbstbild wird negativer, wenn sie disziplinieren. Offensichtlich sind daher Methoden höchst willkommen, die die Anwendung von „positiver Verstärkung" erhöhen und „negative Verstärkung" vermindern.

Oft liegt der Unterschied zwischen einem Lob und einem Tadel in der Länge der Zeit zwischen zwei Einzelkontakten. Beispielsweise ist die Lehrerin bei der Stillarbeit am Overheadprojektor und ruft Schüler auf, die ihr Wissen auf der Leinwand zeigen sollen. Vorausschauend hat die Lehrerin Kalle (einen hoch kinästhetischen Schüler) in die erste Reihe gesetzt, um ihn *AN* der Arbeit zu halten. Die Lehrerin wendet eine Reihe von Techniken an, um sein unangemessenes Verhalten zu unterbrechen und ihn wieder *AN* die Arbeit zu bringen. Die Lehrerin reagiert auf sein Verhalten mit disziplinarischen Maßnahmen. Ungefähr 30 - 40 Sekunden bleibt Kalle *AN* der Arbeit. Die Lehrerin interveniert etwa alle 60 - 90 Sekunden. Würde die Lehrerin alle 25 Sekunden ein positives Lob erteilen, bliebe der Schüler länger auf seine Arbeit konzentriert und die Lehrerin würde sich besser fühlen, da sie vorausschauend positive Maßnahmen einsetzt.

Oft macht die Zeitspanne den Unterschied zwischen Lob und Tadel aus.

Man kann das Wechseln von „negativer Interaktion" (Disziplinieren) zu „positiver Interaktion" (Loben) auch so sehen, daß die Lehrerin sicherstellt, jedesmal nach einer Disziplinarmaßnahme innerhalb von 20 - 25 Sekunden ein visuelles, auditives oder kinästhetisches Lob zu erteilen. Dadurch ist sichergestellt, daß der Schüler weiß, welches Verhalten die Lehrerin von ihm erwartet und daß er auf positive Weise Aufmerksamkeit gewinnen kann.

Streicheleinheiten

Dieses Konzept trifft besonders auf *rechtshemisphärische Schüler* zu, da sie folgende Charakterzüge haben:
• Interaktion von Person zu Person
• Kurze Aufmerksamkeitsspanne
• Ablenkbarkeit
• Bedürfnis nach sofortiger Verstärkung

A5-8

Die folgenden Übungen werden Ihnen helfen, dieses Konzept zu erproben. Es ist empfehlenswert, diese Fertigkeit zuerst mit einem nur wenig auffälligen Schüler zu üben.

Gruppenfeedback

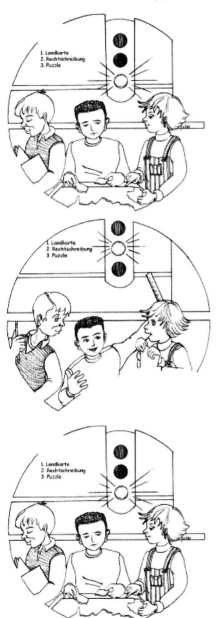

*Als Lehrer möchten wir von unseren Schülern, daß sie selbständig sein sollen. Wenn wir der Klasse mündlich Rückmeldung zu ihrem Verhalten geben, sind die Schüler von einem externen Maßstab abhängig, der ihnen anzeigt, wo sie stehen. Die folgende Fertigkeit stellt sicher, daß die Schüler schon Rückmeldung bekommen, wenn sie **anfangen**, sich von der Norm des Akzeptablen zu entfernen. Auf diese Weise können sie sich selbst **korrigieren**.*

Fair zu sein bedeutet, daß zwei Bedingungen erfüllt sind:

- *die Lehrerin verhält sich **konsequent***
- *die Schüler wissen, **was die Konsequenz ist**.*

Das Gruppenfeedback wirkt direkt auf die zweite Bedingung ein. Und schließlich wollen wir doch alle fair sein.

Die Stillarbeit ist dann am produktivsten, wenn die Schüler sowohl *AN* der Arbeit als auch entspannt sind. Wenn einige Schüler sich anders als angemessen verhalten, müssen wir ihnen dahingehend Feedback geben, was wir von ihnen erwarten und wie sie sich im Vergleich zu diesen Erwartungen gerade verhalten. Wenn wir dieses Feedback mündlich geben, machen wir uns zum „Verkehrspolizisten". Wenngleich dies vielleicht die Produktivität der Schüler erhöht, haben wir den *Machtansatz* benutzt, was bedeutet, daß die Schüler unter anderem nicht entspannt sind. Wir haben auch die Wahrscheinlichkeit erhöht, daß sie denken, sie sollten *für uns* arbeiten, statt zu denken, daß sie *selbstmotiviert* sind. Möglicherweise müssen wir für alle sichtbar im vorderen Teil der Klasse stehenbleiben und sind daher nicht in der Lage, anderen Schülern im Einzelkontakt zu helfen.

In dem Abschnitt *Positive Verstärkung: Einzelkontakt* wurde das uralte Konzept „Erwisch sie, wenn sie's richtig machen" beim Einzelkontakt untersucht. Hier wollen wir allen Schülern gemeinsam positives Lob erteilen, wenn sie noch bei der Arbeit sind, aber schon beginnen, sich wieder auszublenden. Gleichzeitig wollen wir den *Zugang durch Einfluß* anwenden. Diese Methode hat viele positive Auswirkungen: Die Schüler denken, daß sie sich selbst motivieren; die Lehrerin kann weiterhin Schülern im Einzelkontakt helfen, und die Schüler sind entspannt. Wir können es erreichen, indem wir im stillen mit visuellen nonverbalen Signalen Feedback geben. Die folgenden Beispiele funktionieren gut bis zum fünften Schuljahr und müssen für die mittleren Klassenstufen ein wenig, für die Oberstufe stark modifiziert werden.

Die Ampel

Beispiel A: Eine Lehrerin veranlaßte, daß im Werkunterricht je eine rote, eine gelbe und eine grüne Birne in übereinanderliegende Fassungen geschraubt und dadurch eine Art Ampel für ihre Klasse hergestellt wurde. Wenn die Schüler gut arbeiten, leuchtet das grüne Licht. Wenn sie beginnen, sich anders als angemessen zu verhalten, wird das grüne Licht aus- und das gelbe angeknipst. Diese Klassenlehrerin einer fünften Klasse berichtet, daß die Schüler in neun von zehn Fällen sofort zu angemessenem Verhalten zurückkehren. Nachdem sie sich beruhigt haben, läßt sie das gelbe Licht noch eine oder zwei Minuten lang an und macht dann wortlos das gelbe Licht aus und das grüne wieder an. Als sie gefragt wurde, was denn passieren würde, wenn das rote Licht anginge, erwiderte sie mit einem Glucksen in der Stimme: „Oh, das sollte man lieber nicht ausprobieren." Sie erwähnte auch, daß sie mehrmals im Jahr die grünen Birnen ersetzen müsse, aber noch nie eine gelbe oder rote Birne nachkaufen mußte, seit sie dieses Verfahren vor fünf Jahren einführte.

Beispiel B: Klara Kraft unterrichtet die dritte Klasse einer Grundschule und hat fünf einzelne Karten rechts von der Tafel mit Klebesticks befestigt. Auf jeder Karte steht ein Buchstabe. Gemeinsam bilden die Karten das Wort P|A|U|S|E. Wenn die Klasse sich anders als angemessen verhält, wird der letzte Buchstabe quer gelegt. Wenn die Schüler sich weiterhin so verhalten, wird der Buchstabe weggenommen, was bedeutet, daß sie eine Minute ihrer Pause verloren haben. Dies ist eine negative Verstärkung, aber ein hervorragendes visuelles Feedbacksystem. Dieser Ansatz ist oft ideal für unsere rechtshemisphärischen Abschnitte im Schuljahr, zum Beispiel die Woche vor den Weihnachtsferien. Klara benutzt in den normalen Wochen des Schuljahres andere Methoden zur positiven Verstärkung.

der Pausen-galgen

Beispiel C: Der betreffende Lehrer arbeitet am Medienzentrum einer Grundschule. Es ist wichtig, dies zu berücksichtigen, denn „Spezialisten" in der Primarstufe verhalten sich eher wie Lehrer der Sekundarstufe, das heißt wie Fachlehrer, deren Disziplinierungsstile sich von denen der Klassenlehrer unterscheiden, die als einzige in der Klasse unterrichten. Dieser Lehrer also hat mit ein paar Pappstreifen eine Art Halbkreis gebastelt, der aussieht wie eine untergehende Sonne. Der Halbkreis ist in vier Teile geteilt. Der linksaußen ist grün, der nächste ist eine Mischung aus grün und gelb, der nächste ist gelb und rechtsaußen ist rot. Unten im Mittelpunkt steckt ein Nagel, der einen Zeiger hält, der auf jeden Abschnitt gerichtet werden kann. Der Zeiger ist ganz nach unten gerichtet, wenn das System nicht benutzt wird. Es funktioniert ähnlich wie die Ampel in Beispiel A. Die Schüler haben ständig Feedback über ihr Verhalten. Grün = super, grün-gelb = nachlassend, gelb = Vorsicht, rot = Strafpunkt.

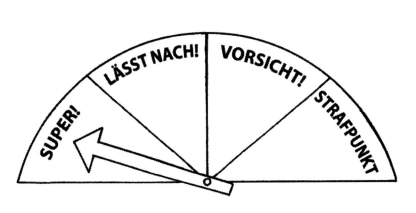

A5-9

In den obigen Beispielen versuchen die Pädagogen, ohne Worte visuelles Feedback zu geben, das man zur positiven Verstärkung des erwünschten Verhaltens anwenden kann.

Mäusequiz

Der Herzschrittmacher wurde 1960 erstmalig eingesetzt – 32 Jahre nach seiner Erfindung.

Instantsuppen wurden erstmals 1943 entwickelt. Wie lange dauerte es, bis sie auf den Markt kamen?

Beispiel A

Beispiel B

Drei vorweg ist ein Beispiel dafür, wie durch die systematische Anwendung nonverbaler Signale komplizierte Zusammenhänge mitgeteilt werden können. Forschungsergebnisse, die von der National Education Association veröffentlicht wurden, zeigen, daß durch nonverbale Kommunikation tatsächlich Nachrichten weitergegeben werden können, die zu komplex sind, um sie mündlich mitzuteilen.

Jede Ansage oder Mitteilung, die wir wiederholt benutzen, bietet sich an, auf einem Poster festgehalten zu werden. Sie werden sich über die eingesparte Zeit freuen.

130   © Synergeia Köln 2006

Drei vorweg

Die produktivste Umgebung bei der Stillarbeit ist eine „visuelle" Atmosphäre und ein Management, das mit einem Maximum an nonverbaler Kommunikation arbeitet. Alles beginnt damit, daß die Anweisungen visuell an der Tafel stehen. Die Stillarbeit ist auch die Zeit, in der die Lehrerin individuell mit den Schülern arbeiten kann. Die folgende Fertigkeit zielt darauf ab, die Unabhängigkeit der Schüler bei ihrer Arbeit zu verstärken. Sie werden von den Schülern weniger unterbrochen und sind eher in der Lage, sich die Schüler auszusuchen, denen Sie helfen möchten. Die Methode ist geeignet für Schüler von der Vorschule bis zur 5. Klasse. Für ältere Schüler müßte sie modifiziert werden.

1. Machen Sie ein Poster mit der Überschrift „3 vorweg" (Idee von Peter Bellamy von der Carus-Schule.) Dann listen Sie die drei Dinge auf, die die Schüler tun müssen, bevor sie Sie fragen. Einige Vorschläge:

3 vorweg	3 vorweg
1. Prüfe, was an der Tafel steht.	1. Schau auf das Aufgabenblatt.
2. Prüfe, was du selbst behalten hast.	2. Erinnere dich, was gesagt wurde.
3. Prüfe, was dein Nachbar behalten hat.	3. Frag einen Tischnachbarn.

2. Denken Sie sich ein nonverbales Signal aus, das Sie schnell und respektvoll einsetzen können, wenn ein Schüler auf Sie zukommt. Zum Beispiel könnten Sie, wenn der Schüler sich nähert, drei Finger hochhalten und leicht die Schultern hochziehen, um eine Frage zu mimen. Auf diese Weise werden die Schüler ermutigt zu reflektieren.

3. Schaffen Sie ein nonverbales Signal, das die Schüler Ihnen zeigen können, wenn sie auf Sie zukommen. Dies spart Ihnen, Nummer 2 oben anzuwenden und zeigt, daß sie schon darüber nachgedacht haben. Beispielsweise könnten die Schüler schon mit drei hochgehaltenen Fingern auf Sie zukommen.

A5-10

Variante: Wenn der Schüler auf Sie zukommt, verwenden einige Lehrerinnen eine Geste, die „Stop" zeigt (wie ein Verkehrspolizist, der den Verkehr regelt). Der Schüler kann das Stopsignal übergehen, wenn er anzeigt, daß es einen Notfall gibt indem er ein entsprechendes, in der Klasse vereinbartes Zeichen verwendet.

Wir haben alle schon einmal ein Baby in unseren Armen in den Schlaf ge-
wiegt. Das Baby will uns dann nicht weglassen. Unsere Herausforderung ist also
hier, wie man den Übergang schafft und das Baby hinlegen kann, ohne daß es
wieder aufwacht. Wenn wir den Übergang langsam genug machen, wird das
Baby noch den „Phantomeindruck" haben, daß wir immer noch da sind. Dies
trifft auch auf die Situation zu, wenn wir morgens aufstehen und unseren Partner oder Partnerin im Bett dabei nicht aufwecken wollen. Wenn wir den Übergang systematisch machen, bleibt auch hier der Eindruck, als seien wir noch da.
Auch in unseren Klassen gibt es die Möglichkeit, einen Schüler zu verlassen, der
AN der Arbeit ist und doch den Eindruck zu hinterlassen, als seien wir immer
noch da.

Die **Phantomhand** besteht aus vier Schritten.

Phantomhand

Wir wissen, daß ein kinästhetischer Schüler sich oft so verhält, als benötige er unsere Gegenwart, um während der Stillarbeit an seiner Arbeit zu bleiben. So sehr der Schüler sich auch höchstpersönliche „päpstliche Visiten" wünschen mag, müssen wir aber doch auch alle anderen Schüler unterstützen und im Auge behalten. Es stellt sich die Frage: „Wie können wir es ermöglichen, daß er auch noch aus der Distanz unsere Gegenwart spürt?"

Um diese Frage zu beantworten, nehmen wir an, daß Sie *Von Macht zu Einfluß* geübt haben und wissen, wie Sie auf einen Schüler, der *AN* seiner Aufgabe ist, so zugehen können, daß Ihre Gegenwart als „positiver Kontakt" erlebt wird. Die folgende Fertigkeit wurde entwickelt, um Ihre Fähigkeit zu verfeinern, einen Schüler unter dem Eindruck dieses positiven Kontakts zu lassen, so daß er Ihre Gegenwart gewissermaßen noch spürt, selbst wenn Sie schon weggegangen sind.

Die Phantomhand besteht aus den folgenden vier Stufen:
* Druck verstärken
* Druck vermindern
* Hand hebt ab
* Weggehen

Abgang in 4 Stufen

Da dies eine sehr anspruchsvolle Fertigkeit ist, üben Sie sie bitte zuerst mit einer Kollegin oder einem Kollegen. Hier sind die Schritte für dieses Rollenspiel (wenn es „Schüler" heißt, ist damit die Kollegin gemeint, die die Rolle des Schülers spielt). In dieser Situation nehmen wir an, daß der Schüler von seiner Arbeit abgelenkt (*AUS*) war und Sie sind *indirekt* auf ihn zugegangen. Als Sie bei einem benachbarten Schüler stehenblieben, war der gewählte Schüler schon wieder *AN* seine Arbeit gegangen. (Für weitere Einzelheiten siehe *AUS / Leerlauf / AN* und *Von Macht zu Einfluß*).

Berührung verstärken
1. Auflegen der Hand: Sie stehen an der Seite des Schülers (egal, ob Sie ihn angesprochen oder angeschaut haben oder nicht) und Sie sind bereit, wieder wegzugehen. Sie berühren den Schüler. (Verhalten Sie sich korrekt – wir gehen für diese Situation davon aus, daß Sie die Erlaubnis haben und daß es angemessen ist, Schüler zu berühren). Ihre Finger sind leicht gespreizt und passen sich der Schulter des Schülers

vollkommen an. Bitten Sie Ihren Schüler, die Schulter zu bewegen, so daß Sie üben können, wie Ihre Hand der Schulterbewegung im Einklang folgt. Es ist wie ein Tanz; der Schüler hat die *vollkommene Bewegungsfreiheit*, und Ihre Hand folgt. Sie machen sich bereit, von dem Schüler wegzugehen, daher schauen Sie auf die Arbeit des Schülers und verhalten sich vorzugsweise schweigend.

2. **Anfängliche Verstärkung:** Verstärken Sie den Druck Ihrer Hand ein ganz klein wenig; stellen Sie sicher, daß es für den Schüler im Rahmen des Angenehmen ist. Die Verstärkung ist keine Verstärkung des Griffes ... die Finger und der Daumen greifen nicht etwa mehr zu, sondern es wird das nur Gewicht des Kontaktes fühlbarer und verstärkt.

3. **Zusätzliche Verstärkung:** Erhöhen Sie den Druck noch ein wenig; dies bleibt weiterhin im angenehmen Bereich für den Schüler, und er hat weiterhin *vollkommene Bewegungsfreiheit*.

Berührung vermindern
Halten Sie Ihren Oberkörper und insbesondere Ihre Füße still, schauen Sie auf die Arbeit des Schülers und vermindern Sie ganz leicht den Druck der Berührung.

1. Lassen Sie sich fünf Sekunden Zeit, um den Druck von der *zusätzlichen Verstärkung* (Nr. 3) zur *anfänglichen Verstärkung* (Nr. 2) zu vermindern.

2. Lassen Sie sich fünf Sekunden Zeit, um den Druck von der *anfänglichen Verstärkung* (Nr. 2) zur *aufgelegten Hand* (Nr. 1) zu vermindern.

3. Lassen Sie sich wiederum fünf Sekunden Zeit, um von der *aufgelegten Hand* zur leichten, fast loslassenden Berührung zu gehen (Tuchfühlung).

Abheben
1. Nehmen Sie sich fünf Sekunden Zeit, um Ihre Hand von der leichten Berührung abzuheben zu knapp einem Zentimeter vom Kontaktpunkt.

134

2. Lassen Sie sich weitere fünf Sekunden Zeit, um Ihre Hand von dieser Entfernung auf etwa 30 cm vom Kontaktpunkt abzuheben.

3. Nehmen Sie sich fünf Sekunden Zeit, bevor Sie Ihre Hand von diesem Punkt zurück an Ihre Seite bringen.

Denken Sie bei der ganzen Abhebphase daran, daß Sie Ihren Oberkörper und insbesondere Ihre Füße stillhalten und auf die Arbeit des Schülers schauen.

Weggehen
Gehen Sie langsam nach hinten weg, so daß der Schüler Sie nicht leicht sehen kann.

A5-11
A5-12
A5-13

"FÜßE UND OBERKÖRPER:
HALTET STILL!"

Auditive Lehrer

Als Berufsgruppe sind wir für unsere „Lehrerstimme" bekannt. Wir können aber auch wegen dieser Stimme berüchtigt sein. Wenn wir unsere Lehrerstimme auch dann benutzen, wenn wir einzelnen Schülern helfen, gewöhnen sich die anderen Schüler daran, unsere Stimme auszublenden. Sportlehrer müssen besonders darauf achten, daß sie dazu neigen, im Kommandoton zu sprechen.

*In der **Stillarbeit** bewegen wir uns durch den Raum und helfen einzelnen Schülern. Jetzt sollten wir mit unserer „privaten Stimme" sprechen. Das ermöglicht den Schülern, sich auf ihre Aufgaben zu konzentrieren.*

*Wenn wir nicht **unterrichten**, gibt es noch einen zweiten Grund, unsere **private Stimme** einzusetzen. Wie in der Geschichte, wo der Junge zu oft „Der Wolf" rief, um vor dem Tier zu warnen, stumpfen die Schüler gegenüber unserer lauten Stimme ab. Wenn wir dann wirklich mit lauter Stimme die Aufmerksamkeit der Klasse auf uns lenken wollen, reagieren sie nicht so gut.*

136

Aufrechterhalten der produktiven Atmosphäre:

Private Stimme

Eine produktivere Stillarbeit entsteht aufgrund einer visuellen Atmosphäre, die damit beginnt, daß der Lehrer die *Regieanweisungen zur Stillarbeit* visuell gibt und die Technik der *wichtigsten 20 Sekunden* einsetzt. Wie hält man diese Atmosphäre aufrecht und fördert sie, auch wenn *die wichtigsten 20 Sekunden* vorbei sind? Auf dem folgenden Arbeitsblatt geht es um die Anwendung eines der drei Faktoren, die dem Aufrechterhalten des Produktivität dienen.

Private Stimme: Während der gesamten Schullaufbahn werden die Schüler darauf gedrillt, dem Ruf der Lehrerin nach Aufmerksamkeit zu folgen. Die Lehrerin weiß, daß diese Aufforderung sowohl verbal gegeben werden kann (zum Beispiel „Leute", „Jungs und Mädels", „Rasselbande", „Ruhe bitte", „Schaut mal her") als auch nonverbal. Eine der grundlegenden Möglichkeiten, die Schüler nonverbal um Aufmerksamkeit zu bitten, liegt in der „Färbung" der Stimme. Es ist zwingend notwendig, daß wir darauf achten, ob wir mit **„öffentlicher Vortragsstimme"** oder mit einer Art **„privaten Stimme"** sprechen. Erstere sollten wir beim Unterrichten einsetzen, letztere in der Stillarbeit.

Um diese Behauptung zu überprüfen, wollen wir zunächst genau das Gegenteil tun: Benutzen Sie in der Stillarbeit einmal ihre „öffentliche Vortragsstimme", während Sie einem Schüler gerade einzeln helfen. Achten Sie darauf, wie die Schüler dazu verleitet werden, sich zu bewegen oder umzudrehen. Manchmal kann unsere „öffentliche Stimme" wie ein ins Wasser geworfener Stein unter den Schülern richtige Wellenringe verursachen. Die Schüler in der Nähe der Lehrerin geraten stärker in Bewegung als die weiter weg sitzenden. Ein andermal erstarren vielleicht die Schüler in der Nähe der Lehrerin, während die weiter entfernten in Bewegung geraten. Wenn die Stimme laut und wütend klingt, erstarren die Schüler vielleicht wie erschrokkene Tiere, die einen sich anschleichenden Jäger bemerkt haben.

A5-14

Vergleichen Sie danach die Auswirkungen, wenn Sie es auf die oben beschriebene empfohlene Art machen.

137

nicht empfohlen

empfohlen

Kinästhetische Lehrer

Der Abschnitt Geschwindigkeit beim Gehen wendet sich besonders an kinästhetische Lehrer. Unsere Stärke liegt in unserer Leidenschaft und in unserem Enthusiasmus, aber genau hier können auch unsere Schwächen liegen. Produktive **Stillarbeit** *erinnert uns an eine Sportveranstaltung. Aber wenn sie vorbei ist, wollen wir uns daran erinnern, was die Spieler für Leistungen erzielt haben und nicht, was der Schiedsrichter gemacht hat. Genau so ist die* **Stillarbeit** *die Zeit der Schüler und* **nicht** *die des Lehrers. Wenn wir uns zu schnell bewegen, sind wir wie ein Motorboot, das an Anglern vorbeifährt und diese beim Fischen stört. Wir stören sie durch unsere mächtige Bugwelle.*

138

Geschwindigkeit beim Gehen

Im vorigen Abschnitt haben wir den Einfluß unserer Stimme auf die Konzentration der Klasse bei der Stillarbeit erforscht. Bei der nun folgenden Fertigkeit liegt das Augenmerk darauf, welche Konsequenzen die Gehgeschwindigkeit der Lehrerin hat, wenn sie sich durch den Raum bewegt, um einzelnen Schülern zu helfen.

Eine Lehrerin, die bei der Stillarbeit zu schnell durch die Klasse geht, ist wie ein Schiff, das durchs Wasser pflügt: Sie hinterläßt eine Bugwelle. Wir wollen dies testen mit dem **Arbeitsblatt A5-15.**

A5-15

Quasimodo in der Schule

*Als Lehrer arbeiten wir wirklich hart. Das ist auch einer der Gründe dafür, daß es uns so schwer fällt, während der **wichtigsten 20 Sekunden** still zu stehen – wir fühlen uns am besten, wenn wir arbeiten/Schülern helfen/Wissen vermitteln. Wir werden als „dienender Berufsstand" angesehen, der „hervorragend erklären kann". Das war mit ein Grund dafür, warum eine Lehrerin als erste Zivilperson für einen Weltraumflug ausgewählt wurde.*

*Wenn wir uns bei der **Stillarbeit** auf einer Videoaufnahme sähen, würden wir bemerken, daß wir uns oft nicht aufrichten, wenn wir einem Schüler geholfen haben und uns dem nächsten zuwenden. Wir geben eine etwas komische Figur ab und erinnern mit unserem gebeugten Rücken eher an Quasimodo. Wenn wir eine Pause machen und dabei gerade aufgerichtet stehen, helfen wir damit im wahrsten Sinne des Wortes unserem Körper, daß er den ganzen Tag über mehr Energie hat. Auf die Klasse hat dies gleichzeitig den Effekt, daß die Schüler leiser werden.*

140

5 SEKUNDEN

nach Ansagen während der Stillarbeit

Von den *Regieanweisungen zur Stillarbeit* und den *wichtigsten 20 Sekunden* wissen wir, daß wir uns dadurch den Übergang zur Stillarbeit erleichtern, zumindest am Anfang. Mit *private Stimme* und *Geschwindigkeit beim Gehen* haben wir zwei Variablen zur Aufrechterhaltung der produktiven Atmosphäre während der Stillarbeit behandelt. Die folgende Fertigkeit ist eine Kombination aus diesen beiden.

Da die nonverbale Kommunikation der Lehrerin der Schlüssel zum Unterrichtsmanagement ist, und da die *PAUSE* das einflußreichste nonverbale Signal ist, müssen wir herausfinden, wie wir möglichst oft eine *PAUSE* einfügen können. Einige Faustregeln:

- Jedesmal, wenn wir unsere öffentliche Vortragsstimme benutzen, sollten wir volle *20 Sekunden* stehenbleiben oder zumindest *5 Sekunden* Pause machen.
- Nach jedem zweiten oder dritten Schüler, dem wir helfen, sollten wir *5 Sekunden* stehen bleiben, atmen und einmal durch die ganze Klasse schauen.

Um diese Grundregeln zu verifizieren, kann die Lehrerin absichtlich das Gegenteil der empfohlenen Art ausprobieren und danach dann den empfohlenen Ansatz anwenden.

A5-16

5 SEKUNDEN in aufrechter Haltung

Wenn Sie zwei oder drei Schülern geholfen haben, bleiben Sie aufrecht stehen, schauen Sie durch die Klasse und atmen Sie dabei zweimal ruhig durch. Die regelmäßigen *5 Sekunden in aufrechter Haltung* bringen die Klasse zur Ruhe (auch wenn wir keine Ansage gemacht haben). Dabei sollten folgende Faktoren bedacht werden:

stillstehen, atmen und durch die Klasse blicken

- Bleiben Sie nach jedem einzelnen, jedem zweiten, dritten oder vierten Schüler stehen, atmen und schauen durch die Klasse? Wie oft Sie das machen, hängt davon ab, wie oft die Klasse wieder zur Ruhe gebracht werden muß.

141

- Stehen Sie mit dem Gesicht zur Klasse, wenn Sie stehenbleiben, atmen und durch die Klasse blicken?

- Signalisieren Sie nonverbal dem nächsten Schüler, daß Sie in einer Minute bei ihm sein werden, um ihm zu helfen? Manchmal sollten Sie einem Schüler ein Zeichen geben, ohne ihn anzuschauen. Berühren Sie ihn einfach nur, wenn das in der Situation angemessen ist.

A5-17

142

Mäusequiz

Instantsuppen wurden erstmals 1962 auf den Markt gebracht – 19 Jahre nach der ersten Entwicklung.

Deo-Roller wurden erstmalig 1948 entwickelt. Wie lange dauerte es, bis sie sich auf dem Markt durchsetzten?

Lehrer können nur dann erfolgreiche Pädagogen sein,
wenn sie die Schüler für die Arbeit an Aufgaben gewinnen,
bei denen die Schüler erfolgreich sind.

Teil II

Coaching

Einführung

„Es ist offenkundig dumm zu erwarten, der einzelne Lehrer könne sich
die Ideen der aktuellen Forschung alleine aneignen
und auf seinen Unterricht anwenden. "
Dr. Richard Elmore
Harvard University
Graduate School of Education

Dieses Buch vermittelt einen Ansatz, der Pädagogen dazu zu anregen möchte, sich nicht mehr als Bastionen der *Macht* zu sehen, sondern als Begleiter und Wegbereiter mit *Einfluß*. Wenn dieses Programm von Gruppen von Lehrern innerhalb einer Schule genutzt wird, fördert es die professionellen Stärken bei allen Beteiligten. Wir müssen uns von innen heraus entwickeln; wir brauchen Systeme, die uns befähigen, von dem Reichtum der Fähigkeiten zu profitieren, die in einzelnen Klassenzimmern sozusagen wie auf einsamen Schatzinseln verborgen liegen. Nur durch Prozesse des Austauschens, des Miteinanderteilens und der gegenseitigen Unterstützung kann das gemeinsame Potential an Wissen, Erkenntnis, Erfahrung, Kompetenz und Weisheit eines Kollegiums in Erscheinung treten.

Leitlinien für das Coaching

Curriculum

Als Beobachter, Begleiter oder Coach machen Sie vielleicht ab und zu einen Besuch bei einem Lehrer, der die Übungen zu bestimmten Fertigkeiten zwar ziemlich gut durchführt, bei dem Sie aber dennoch Bedenken haben. Sie fragen sich, ob Ihr Kollege oder Ihre Kollegin in der beruflichen Entwicklung von einer anderen Perspektive vielleicht mehr profitieren würde. Man kann den Unterricht sozusagen durch ein pädagogisches Fernglas betrachten. Dieses Buch konzentriert sich auf die Disziplinierungs- und Managementaspekte des Lernumfelds. Genauso wichtig ist jedoch die andere, die pädagogische Linse– das Curriculum. Lehrer können nur dann erfolgreiche Pädagogen sein, wenn sie die Schüler für die Arbeit an Aufgaben gewinnen, bei denen die Schüler erfolgreich sind.

Freiwilligkeit

Hoffentlich hat der Leser das Glück, zu einer Gruppe von Lehrern derselben Schule zu gehören, die sich zusammengetan haben, um sich mit Hilfe des ENVoY-Ansatzes gegenseitig bei ihrer beruflichen Entwicklung zu unterstützen. Die Lehrkraft, die beobachtet wird, sucht sich immer selbst die jeweiligen Fertigkeiten aus und lädt den Kollegen oder die Kollegin in die eigene Klasse ein. Vermutlich werden Ihnen als Beobachter die meisten Beobachtungsbögen von Kapitel 6 bis 10 beim Ausfüllen sehr bekannt vorkommen, weil Sie Ihre eigenen Arbeitsblätter (Kapitel 1 bis 5) durchgearbeitet und ausgefüllt haben.

Wenn Sie eingeladen werden, einen Beobachtungsbogen aus Kapitel 7 bis 10 auszufüllen, kann es aber auch sein, daß Sie ihn noch nicht kennen; ich hoffe, daß die zusammengefaßte Information auf dem Beobachtungsbogen genügt, um eine sinnvolle Beobachtung zu gewährleisten. Falls nicht, lesen Sie bitte das korrespondierende Arbeitsblatt (Kapitel 2 bis 5) oder führen es vielleicht sogar selbst durch.

Bitte beachten Sie: Es liegt in der Verantwortung der beobachteten Lehrkraft, die Aktivität im Klassenraum so zu gestalten, daß der Besucher den ausgewählten Schwerpunkt beobachten kann. In den meisten Fällen reicht eine fünf- bis fünfzehnminütige Beobachtung aus.

Es mag sein, daß einem Teil von Ihnen das Format der zu diesem Buch gehörenden Beobachtungsbögen nicht besonders zusagt. Gestatten Sie sich daher die Freiheit, ein unbeschriebenes Blatt Papier zu nehmen und Ihr eigenes Kodierungssystem zu entwickeln. Denken Sie daran, daß der Zweck der Sache ist, dem Kollegen Feedback zu geben; stellen Sie daher sicher, daß Ihr Schema für die beobachtete Lehrkraft Sinn macht.

Gewinn für den Beobachter

Wenn Sie in der Beobachterrolle sind, werden Ihnen Erkenntnisse bezüglich Ihres eigenen Unterrichtsmanagements um ein Vielfaches klarer, als wenn Sie die Fertigkeiten von *Schule erster Klasse* nur für sich allein praktizieren. Wieso? Wenn wir in unserem Klassenzimmer sind, ist unser Grad an Verantwortung viel höher, als wenn wir die Klasse eines Kollegen besuchen.

Beim Unterrichten sind wir auf den *Inhalt* konzentriert; die Schwerpunkte dieses Buches liegen hingegen auf dem *Prozeß*. In unserem eigenen Unterricht können wir sozusagen den Prozeßwald nicht von den Inhaltsbäumen unterscheiden.

Richtlinien für den Coach

Wenn Sie von Ihrem Fachbereichsleiter oder Rektor gebeten werden, einen Kollegen in seinen Fertigkeiten zum Unterrichtsmanagement zu fördern, denken Sie daran, daß die Stärke jedes kollegialen Coaching-Programms in seiner Freiwilligkeit liegt. Würdigen Sie das Engagement des Vorgesetzen, einem Kollegiumsmitglied bei seiner beruflicher Entwicklung zu helfen, und entgegnen Sie dann höflich, daß Sie bereit sind, die Möglichkeit einer Unterstützung des betreffenden Kollegen zu erkunden. Der angemessene Weg wäre aber, daß der Vorgesetzte den betreffenden Lehrer bittet, mit Ihnen ins Gespräch zu kommen. Erklären Sie Ihrem Vorgesetzten, daß jegliche Beobachterinformation und die Beobachtungsbögen vertrauliches Eigentum des Lehrers sind – und nicht das des Vorgesetzen oder des Beobachters. Checklisten, die Vorgesetzte bei Unterrichtshospitationen anwenden können, befinden sich auf der beigefügten CD.

„Am wenigsten empfohlen" gegenüber „empfohlen"

In diesem Handbuch wird oft vorgeschlagen, zuerst die „am wenigsten empfohlene" Art auszuprobieren und dann die „empfohlene" Strategie. Dieser Kontrastansatz ermutigt den Lehrer zu entdecken, welche Methoden für ihn funktionieren. Wenn der Lehrer jedoch nur die empfohlene Art und Weise durchführen möchte, respektieren Sie als Beobachter bitte diese Entscheidung.

Arbeitsblätter und Beobachtungsbögen

Wenn Sie gebeten werden zu beobachten, denken Sie daran, daß Ihre Funktion als Coach darin besteht, der Lehrkraft zu helfen, sich weiterzuentwickeln und mehr Stärke und Selbstvertrauen zu bekommen. Verwenden Sie erst dann die entsprechenden Beobachtungsbögen, wenn die Lehrkraft die jeweiligen Arbeitsblätter erfolgreich durchgearbeitet hat. Sollte das noch nicht der Fall sein, können Sie einen Besuch machen und helfen, das entsprechende Arbeitsblatt zu bearbeiten.

Richtlinien für die beobachtete Lehrkraft
Es empfiehlt sich, die Fertigkeiten dieses Buches in folgender Reihenfolge
zu erarbeiten:

- Alle Fertigkeiten der Kapitel 2 bis 5 basieren auf Kapitel 1; wenn Sie
  also eine Fertigkeit aus Kapitel 2 bis 5 üben wollen, lernen Sie bitte auch
  die entsprechende Fertigkeit aus Kapitel 1, die in dieser Phase auftritt.
  Beispiel: In der Phase *Aufmerksamkeit gewinnen* müßte der Lehrer *Körperhaltung einfrieren* und *Lauter (Pause) Flüstern* aus Kapitel 1 lernen,
  bevor er die Fertigkeiten aus Kapitel 2 übt.
- Füllen Sie ein Arbeitsblatt zu einem ausgesuchten Thema aus Kapitel 1
  bis 5 aus.
- Geben Sie einem Kollegen das dazu passende Beobachtungsblatt und
  bitten Sie ihn, Sie zu beobachten.
- Üben Sie alle Fertigkeiten, die Sie in einem bestimmten Kapitel inter-
  essieren.
- Setzen Sie dieses Vorgehen fort, indem Sie jeweils ein Arbeitsblatt für
  sich allein bearbeiten und dann einen Kollegen bitten, den korrespondierenden Beobachtungsbogen auszufüllen, – bis Sie Ihre Ziele erreicht
  haben.
- Füllen Sie dann für das behandelte Kapitel die Checkliste aus, die sich
  ebenfalls zum Ausdrucken auf der CD befindet.
- Bitten Sie zum Schluß den beobachtenden Kollegen, die gleiche Checkliste auszufüllen.

Fertigkeiten, die in mehreren Phasen anwendbar sind
Obwohl die 31 Fertigkeiten jeweils einer Phase der Unterrichtsstunde zu-
geordnet sind, können einige davon auch in mehr als einer Phase eingesetzt
werden. Zum Beispiel:
- *Gelbe Ampel:* sowohl in der Phase **Unterrichten** als auch in der **Stillar-
  beit**
- *Nonverbale Signalen verstärken:* in allen vier Phasen
- *Überblenden:* **Unterrichten** und **Stillarbeit**
- *Auf der anderen Seite des Raumes:* **Unterrichten** und **Stillarbeit**
- *Verbaler Rapport mit „schwer erreichbaren" Schülern:* **Unterrichten** und
  Stillarbeit
- *Geschwindigkeit beim Gehen:* **Unterrichten** und **Stillarbeit**
- *Positive Verstärkung:* **Unterrichten** und **Stillarbeit**

Feedback

Der Klassenraum eines Lehrers ist ein äußerst privates Territorium. Verhalten Sie sich beim Beobachten entsprechend. Versuchen Sie, unauffällig mit der Umgebung quasi zu verschmelzen. Beobachten ohne anschließend Feedback geben zu müssen gewährleistet hervorragendes Lernen für den Besucher. Manchmal lernen und sehen wir tatsächlich mehr als in unserem eigenen Unterricht. Es ist, als wenn wir eine Reise in einen anderen Erdteil machten – wir erkennen Unterschiede, und wenn wir nach Hause zurückkehren, können wir im Grunde viel lebendiger erleben, wie der „normale" Alltag funktioniert.

Die beobachteten Lehrer lernen durch Feedback. Wie ein respektvoller Weltreisender wollen wir den Unterricht nicht aus unserer eigenen ethnozentrischen Perspektive sehen, sondern als geladener Gast. Die Beobachtungsbögen wurden entwickelt, um Beurteilungen, Bewertungen, ja sogar Lob zu vermeiden. Der Kollege hat aufgrund einer bestimmten Zielsetzung um unsere Anwesenheit gebeten. **Halten Sie sich an seine Vorgaben.** Es wird empfohlen, die Rückmeldung sofort, direkt im Anschluß zu geben. Die beste Möglichkeit für den Lehrer besteht darin, die Schüler mit Stillarbeit zu beschäftigen und fünf bis zehn Minuten lang nicht für sie zur Verfügung zu stehen. Sowohl der Lehrer als auch der Beobachter bleiben in der Klasse. Eine Beobachtung könnte dann folgendermaßen aussehen:

- fünf bis fünfzehn Minuten Beobachtung
- fünf bis zehn Minuten Feedback

Stellen Sie sicher, daß die angesetzte Zeit, die Dauer der Beobachtung und des Feedbacks, die entsprechenden Beobachtungsbögen und andere einschlägige Aspekte eingeplant sind und zur Verfügung stehen. Wenn das Feedback nicht direkt gegeben werden kann, geben Sie es bei der nächsten, frühestmöglichen Gelegenheit. Geben Sie es unter vier Augen – das Lehrerzimmer in der großen Pause ist nicht unbedingt der geeignete Ort.

Das Feedback beenden

Die zugrundeliegende Absicht jedes Coaching ist die professionelle Weiterentwicklung. Von Madeline Hunter über Bruce Joyce und Bev Showers bis zu Robert Garmston und Arthur Costa[*] besteht Einigkeit darin: Als Coach ist es meine Aufgabe, den Kollegen zu Selbstvertrauen und innerer Stärke zu führen, was im Englischen mit dem Begriff *empowerment* zum Ausdruck gebracht wird. Unser Ziel als Coach ist es, den Kollegen oder die Kollegin dabei zu unterstützen, sich den eigenen Fortschritt *zu eigen zu machen*; andernfalls schaffen wir ungewollte Abhängigkeit.

Stellen Sie zum Ende der Rückmeldung der beobachteten Person Fragen, die sie ermutigen, aus einer objektiven Perspektive heraus über ihre langfristige Entwicklung zu reflektieren. Zum Beispiel:

„Wenn du dir mal vorstellst, diese Fertigkeit vollständig zu meistern, wo siehst du dich dann zur Zeit?"

„Was würdest du als nächstes tun, um diese Fertigkeit noch mehr zu festigen?"

„An welchen Stellen paßt diese Fertigkeit mit anderen Fertigkeiten aus der gleichen Unterrichtsphase zusammen?", oder

„Wie kann diese Fertigkeit mit anderen verbunden werden und früher Gelerntes verstärken?"

„Was ist dein nächster Schwerpunkt für deine berufliche Weiterentwicklung? Was würdest du konkret machen, um dies zu verwirklichen?"

---

* Sollten Sie jemals Gelegenheit haben, an einem Seminar zum "Cognitive Training" nach Arthur Costas und Robert Garmstons teilzunehmen, so lernen Sie dabei ein hervorragendes Makromodell kennen; der **ENVoY**-Ansatz ist ein Mikromodell.

Copyright und Vervielfältigung

Wir bitten Sie, das Urherberrecht des Autors und des Verlags zu respektieren und allen interessierten Pädagogen den Kauf eines eigenen Buches zu empfehlen. Als Käufer dieses Buches haben Sie die Erlaubnis, alle Arbeitsblätter von Kapitel 1 bis 5 auszudrucken und *für sich selbst* zu verwenden. Die Beobachtungsbögen der Kapitel 6 bis 10 werden Sie verwenden, wenn Sie einen Kollegen beobachten. Wenn Sie nicht ausdrücklich zur Beobachtung und anschließendem Feedback aufgefordert wurden, sollten Ihre Notizen auf keinen Fall mit dem Lehrer besprochen werden. Außerdem können Sie diese Beobachtungsbögen einem Kollegen geben, der das Buch nicht erworben hat, den Sie aber zur Beobachtung und Feedback eingeladen haben.

Coaching
der Sieben Schätze
in den vier Unterrichtsphasen

Kapitel 6
Die sieben Schätze

„Ein ENVoY-Coach unterstützt seine Kollegen
bei ihrer professionellen Entwicklung
und läßt sie selbst entscheiden,
in welchen Bereichen sie sich weiterentwickeln möchten."

Da *die sieben Schätze* sich auf alle vier Phasen einer Unterrichtsstunde beziehen, sind sie wichtiger, als alle anderen Fertigkeiten dieses Buches. Spornen Sie sich daher gegenseitig an, zuerst *die sieben Schätze* zu meistern, bevor Sie die anderen Fertigkeiten üben. In vielen Fällen sind die Techniken von Kapitel 7 bis 10 Verfeinerungen von Kapitel 6. *Lesen und üben sie daher dieses Kapitel vor allen anderen.*

Anmerkungen zu *den sieben Schätzen:*

1. *Körperhaltung einfrieren:* Wie bei allen Fertigkeiten unterstützen Sie bitte Ihren Kollegen, zuerst die am wenigsten empfohlene und dann die empfohlene Art durchzuführen. Dies gestattet ihm, für sich selbst zu entdecken, was für ihn funktioniert.

2. *Lauter (Pause) Flüstern:* Untersuchen Sie mit dem Lehrer, wann er lieber die Ein-Schritt-Methode anwenden sollte – das heißt zuerst *lauter* als der Geräuschpegel der Klasse sprechen, dann *pausieren* und die Stimme plötzlich *leise* werden lassen – oder wann er lieber den Ansatz des *schrittweisen* Leiserwerdens durchführen möchte.

3. *Melden oder Zurufen:* Helfen Sie Ihrer Kollegin beim Identifizieren und konsequenten Einsetzen von verbalen Fertigkeiten und nonverbalen Gesten für die drei Formen von *Lehrervortrag, Melden* und *Zurufen.* Fähig zu sein, auf diese Unterrichtsstile einfühlsam zu reagieren, ist eine sehr anspruchsvolle Technik, und es mag angemessen sein, mit anderen Kollegen über die Auswirkungen jeder Form zu sprechen.

153

4. *Anweisungen zur Überleitung:* Ermutigen Sie den Lehrer nachdrücklich, ungefähr sechs bis dreißig verschiedene Anweisungen, die regelmäßig eingesetzt werden, auf Karton zu schreiben und zu laminieren.

5. *Die wichtigsten 20 Sekunden:* Stoppen Sie tatsächlich die Pause Ihres Kollegen mit dem Sekundenzeiger Ihrer Uhr. Die meisten Lehrer haben ein unangenehmes Gefühl, wenn Sie so lange pausieren sollen. Versichern Sie dem Lehrer, daß seine Geduld in der Pause den Schülern zugute kommt und für sie die Pause wesentlich kürzer erscheint.

6. *AUS / Leerlauf / AN:* Die meisten Fertigkeiten aus diesem Buch sind Fertigkeiten des Gruppenmanagements, des Umgangs mit der Lerngruppe bzw. Fertigkeiten zur Klassendisziplinierung. Bei dieser und der folgenden Fertigkeit geht es um den Umgang und die Interaktion mit einzelnen Schülern. Gehen Sie respektvoll mit der Tatsache um, daß die Lehrerin den Hintergrund ihrer Schüler besser kennt als die Beobachterin.

7. *Von Macht zu Einfluß:* Stellen Sie sicher, daß die Lehrerin die Fertigkeit *AUS / Leerlauf / AN* kompetent beherrscht, bevor sie diese Technik einsetzt.

Körperhaltung einfrieren

Innerhalb einer Stunde wechseln wir oft zwischen Stillarbeit oder Gruppenarbeit der Schüler zum Frontalunterricht. In einer Zeiteinheit von fünfzehn
Minuten kann der Lehrer die Klasse bis zu dreimal bitten, die Aufmerksamkeit zu verlagern.

Was passiert, wenn es eine Diskrepanz gibt zwischen der verbalen Lehrer-
botschaft *„STOP"* und seiner nonverbalen Botschaft *„BEWEGUNG"*?
Wenn der Lehrer die Schüler bittet zu *stoppen*, blicken sie auf. Wenn sie
aber sehen, daß der Lehrer durch die Klasse geht, bemerken sie, daß er sich
selbst nonverbal widerspricht, indem er sich weiterhin *bewegt*. Als Ergebnis
machen die Schüler meist einfach da weiter, wo sie gerade unterbrochen
wurden.

Ihr Kollege möchte Feedback in bezug auf die Unterschiede in der Aufmerksamkeit der Klasse: Einmal, wenn er sich bei der Aufforderung zur
Aufmerksamkeit *bewegt*, und zum anderen, wenn er seine Körperhaltung
einfriert. Der Lehrer wird es so einrichten, daß die Schüler zwischen Stillarbeit oder Gruppenarbeit einerseits und Aufmerksamkeit für den Lehrer
andererseits mindestens drei- oder viermal innerhalb einer zehn- bis fünfzehnminütigen Phase wechseln müssen. Wenn der Lehrer nur zweimal zum
Lehrervortrag überwechselt, füllen Sie bitte auf dem Beobachtungsbogen
nur 2.1 und 3.1 aus.

B6-1

LAU**T**ER (PAUSE) Flüstern

Der Lehrer hat verschiedene Möglichkeiten, die Aufmerksamkeit einer Klasse zu gewinnen. Die zwei empfohlenen Arten, die er bis jetzt geübt hat, sind: eine *P A U S E* zu machen, sobald er die Aufmerksamkeit der Schüler hat und nach der *P A U S E* seine Stimme zu einem *Flüstern* abzusenken.

Der Lehrer möchte Rückmeldung dazu haben, wie aufmerksam die Klasse wird, wenn er nach den Empfehlungen arbeitet, im Vergleich dazu, wenn er es nicht tut. Der Lehrer wird die Stunde so gestalten, daß er innerhalb Ihres zehn- bis fünfzehnminütigen Besuchs die Klasse mindestens drei- oder viermal um Aufmerksamkeit bittet. Wenn der Lehrer dies innerhalb Ihres Besuchs nur zweimal machen kann, wird er nur Punkt 2. und 3. jeweils einmal durchführen.

B6-2

Erörtern Sie nach der Beobachtung mit dem Lehrer, was der Unterschied ist, wenn er keine *P A U S E* macht und weiter laut spricht im Vergleich zu einer *P A U S E*, die von einem Absenken der Stimme auf *Flüsterniveau* gefolgt ist.

Szenario eines Horrortages

Der Kollege hat die obigen Fertigkeiten für normale Schultage eingeübt. Er hat auch modifizierte Techniken geübt, die sehr gut an rechtshemisphärischen Tagen funktionieren (zum Beispiel die Woche vor den Weihnachtsferien, Projekttage usw.). An diesen Tagen muß die Stimme des Lehrers die kollektive Klassenlautstärke übertönen, und er muß schnell sein, um die Klasse zu schockieren oder zu unterbrechen. Die Dauer der P A U S E und das, was auf die P A U S E folgt, erfordert an diesem Punkt die anspruchsvolle Fähigkeit des exakten Timings. Der Lehrer hat nur eine sehr kurze Zeitspanne zur Verfügung, um die Klasse zum inhaltlichen Thema zu führen. Die zwei Alternativen sind:

1. Er geht unvermittelt in einem einzigen Schritt zum Flüsterton über:

Stimme des Lehrers
Lautstärke der Klasse

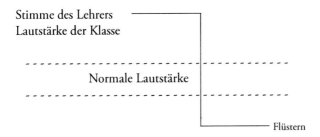

Normale Lautstärke

Flüstern

2. Er geht stufenweise zum Flüstern über:

Stimme des Lehrers
Lautstärke der Klasse

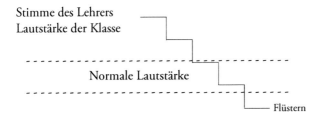

Normale Lautstärke

Flüstern

In einigen Fällen ist das stufenweise Hinuntergehen die einzige Rettung für den Lehrer, aber es erfordert mehr Disziplin und Kontrolle seitens des Lehrers, denn er muß seine Stimmlautstärke ganz allmählich von voller Lautstärke erst zur normalen Stimmlage bringen und dann immer leiser werden, bis zu einem Flüstern. Es wird empfohlen, daß der Lehrer sowohl beim sofortigen als auch beim schrittweisen Leiserwerden längere Sätze bildet und langsamer und mit einem sanfteren Ton spricht. Dies bringt die Klasse eher in eine Zuhörstimmung.

B6-3

Melden oder Zurufen

Innerhalb der *Unterrichtsphase* einer Stunde wählt die Lehrerin aus, welche Information sie der Klasse durch einen Vortrag und welche sie lieber durch interaktiven Unterricht vermitteln möchte. Für die Unterrichtsphase einer Stunde gibt es drei Formen, und es gibt drei Muster, wie diese Formen den Schülern vermittelt werden können:

MUSTER:	Lehrervortrag	Melden	Zurufen
Verbale Ebene	„Alle mal herhören." „Ich habe euch etwas zu sagen."	„Meldet euch, wenn…"	„Alle sind gefragt."
Nonverbale Ebene	Lehrerin zeigt mit einer Hand auf sich selbst, die andere Hand zum Stopsignal erhoben, wie ein Verkehrspolizist.	Lehrerin macht es vor, indem sie selbst die Hand hebt.	Lehrerin zeigt zwischen der Klasse und sich hin und her.
Impuls	Ergibt sich von selbst, wenn die Lehrerin dasselbe Muster mehrmals hintereinander benutzt hat.		

Die Lehrerin wird Sie um Rückmeldung bitten, wie sie die unterschiedlichen Muster auf der verbalen und nonverbalen Ebene umgesetzt hat. Machen Sie sich bitte mit den einzelnen Ebenen und der empfohlenen Vorgehensweise vertraut.

• Der **sicherste Weg** zum Einführen eines neuen Musters besteht darin, daß die Lehrerin die verbale Ebene benutzt und die Form gleichzeitig mit einer Geste vormacht. Jedesmal, wenn die Lehrerin zu einem neuen Stil wechselt, denkt sie daran, die verbale und die nonverbale Botschaft gleichzeitig zu geben.

• Die **bessere Taktik** besteht darin, am Anfang mindestens zweimal hintereinander die verbale und die nonverbale Ebene gleichzeitig einzusetzen und dann die verbale Ebene wegzulassen und nur noch das nonverbale Signal zu geben. Die nonverbale Ebene hat viele positive Auswirkungen: Die Klasse ist ruhiger, die Schüler gehen mehr ins Visuelle, sie achten mehr auf die Lehrerin und diese kann ihre Stimme für den Inhalt und *positive Verstärkungen* reservieren.

- Die **optimale Strategie** ist, vom Einsatz des Verbalen und Nonverbalen zum Nonverbalen allein überzugehen und schließlich auch das nonverbale Signal wegzulassen und zu beobachten, daß die Klasse meistens auch weiterhin im eingeführten Modus bleibt.

Die Lehrerin sollte besonders **vorsichtig** sein, wenn sie von der Form *Zurufen* in eine andere Form zurück wechselt. Sie sollte leiser sprechen und still stehen, wenn sie die Form *Lehrervortrag* oder *Melden* initiiert. Mit anderen Worten, unter Zuhilfenahme des Schemas auf der vorherigen Seite ist es für die Lehrerin einfach, wenn sie von einer linken Spalte nach rechts geht, aber sie muß vorsichtig sein, wenn sie von rechts nach links geht.

B6-4
B6-5
B6-6

Regieanweisungen zur Stillarbeit

Am Ende eines Lehrervortrags oder einer Präsentation werden normalerweise eine Reihe von Anweisungen gegeben. Diese Anweisungen informieren die Klasse über Aufgaben, die entweder während der Stillarbeitszeit oder/und als Hausaufgabe gemacht werden sollen. Die Anweisungen kennzeichnen, daß von jetzt ab die individuelle Arbeit beginnt und der Lehrer somit weniger zur Verfügung steht. In Anlehnung an die Bühne werden diese Anweisungen *Regieanweisungen zur Stillarbeit* genannt. Wenn sie an der Tafel stehen, bieten sie eine konstante, visuelle Repräsentation dessen, was gesagt wurde.

Visuelle *Anweisungen zur Überleitung* erhöhen die Klarheit der Botschaft und verdoppeln die Behaltensdauer. Dies befreit den Lehrer natürlich davon, sich wie ein Papagei ständig wiederholen zu müssen. Er kann jetzt den einzelnen Schülern in der Phase der *Stillarbeit* helfen.

Der Kollege hat Sie eingeladen, um Feedback zu drei verschiedenen Aspekten der *Regieanweisungen zur Stillarbeit* zu bekommen:
1. Eindeutigkeit der zur Verfügung gestellten Information
2. Einsatz nonverbaler Signale
3. Tatsächlicher oder potentieller Einsatz von laminierten Schildern

Zu 1:
Achten Sie darauf, wie gründlich und eindeutig die Information gegebenen wurde, und erwähnen Sie besonders die Aspekte „wann", „wo", „was", „in welcher Form" und „was ist zu tun, wenn die Schüler damit fertig sind". Wenn die Schüler Fragen stellen, achten Sie darauf, ob der Lehrer sie auf die visuelle Information an der Tafel hinweist. Wie klar und systematisch der Lehrer vorgeht, wird an der Reaktionen der Schüler zu erkennen sein.

Zu 2:
Die Schüler sollen wirklich erkennen können, welche von all den an der Tafel stehenden Informationen die *Anweisungen zur Überleitung* sind. Daher sollten diese systematisch immer an der gleichen Stelle auf der Tafel und immer mit der gleichen Farbe und Schriftart angeschrieben werden. Einige Klassenlehrer der Grundschule benutzen verschiedene Farben für die unterschiedlichen Fächer, zum Beispiel Blau immer für Mathematik.

160

Zu 3:
Lehrer haben nicht die Zeit, alle auf der vorigen Seite erwähnten Informationen vollständig aufzuschreiben. Ein Vorschlag ist, die Information, die regelmäßig gebraucht wird, auf Karton zu schreiben und dieses Schild zu laminieren (mit Folie zu überziehen). Manchmal braucht man die gleiche Information in ein und derselben Form immer wieder. Ansonsten sollte der Lehrer auf dem Schild Lücken lassen, um dann mit einem wasserlöslichen Folienschreiber die spezifische Information für den bestimmten Tag einzutragen. Bei mehreren Fächern kann der Lehrer für jedes Fach ein extra Schild verwenden.

Wenn der Kollege es wünscht, könnte ein Experiment durchgeführt werden, in dem die oben empfohlenen Vorschläge mit der traditionellen Weise, „nur mündliche" *Regieanweisungen zur Stillarbeit* verglichen werden. Wenn dies gemacht wird, geben Sie dem Kollegen bitte Rückmeldung, wieviel Zeit er brauchte, bis er mit den Anweisungen fertig war, wie oft die gleiche Information wiederholt werden mußte, die allgemeine Atmosphäre von Wohlfühlen oder Frustration bei den Schülern und zuletzt, was passierte, als die Träumer wieder auf die Erde kamen und wissen wollten: „Wo sind wir denn gerade?"

B6-7

Die wichtigsten 20 Sekunden

Wenn der Lehrer den Frontalunterricht beendet und die Schüler mit der Stillarbeit beginnen, gibt es einen Übergang von der Gruppenorientierung zur Einzelunterstützung. Dieser Übergang gelingt am besten durch eine Kombination von visuellen *Regieanweisungen zur Stillarbeit* und durch das Verdeutlichen der Lehrererwartung, daß die Schüler sich konzentrieren werden. Die produktivste Atmosphäre bei der Stillarbeit – unabhängig davon, ob die Schüler allein oder mit einem Partner arbeiten – ist die visuelle; das bedeutet zielgerichtetes und überwiegend stilles Arbeiten. Vorschläge zum Verdeutlichen dieser visuellen Atmosphäre:

1. Der Lehrer liest die *Regieanweisungen zur Stillarbeit.*
2. Lehrer fragt, ob es Fragen gibt. Wenn Fragen gestellt werden, antwortet er und schreibt die zusätzlichen Antworten oder Informationen an die Tafel.
3. Der Lehrer entläßt die Schüler mit Worten wie: „Ihr könnt jetzt anfangen."
4. **Die wichtigsten 20 Sekunden:** Der Lehrer geht in eine *eingefrorene Körperhaltung,* um den Schülern vorzumachen, wie still und konzentriert sie sich verhalten sollen. Wenn Schüler um Hilfe bitten, indem sie sich melden oder in die Klasse rufen, läßt der Lehrer seine Augen durch die Klasse wandern, bleibt im visuellen Modus, indem er ganz still steht und diesen Schülern durch eine Geste mit der Hand bedeutet, daß er gleich bei ihnen sein wird. Einige Grundschullehrer nehmen sogar einen Hula-Hoop-Reifen, in dem sie während der *20 Sekunden* stehen. Kinästhetische Schüler, die Hilfe suchen, können den tatsächlich existierenden Reifen sehen und werden so auf konkrete Weise daran erinnert, daß der Lehrer noch nicht zur Verfügung steht.
5. Der Lehrer bewegt sich langsam, um einzelnen Schülern zu helfen.

Beim Unterrichtsbesuch wird der Lehrer es so arrangieren, daß der Wechsel vom Frontalunterricht zur unabhängigen Einzelarbeit in den fünf bis zehn Minuten erfolgt, in denen der Beobachter im Raum ist. Der Lehrer hat die Wahl, entweder die empfohlene Technik anzuwenden oder das genaue Gegenteil („nicht empfohlen"). Wenn der Beobachter mehr als einmal kommt, macht der Lehrer einen Versuch mit der *nicht empfohlenen Vorgehensweise* und einen anderen auf die *empfohlene Weise*. Durch diesen Kontrast kann der Beobachter dem Kollegen Rückmeldung geben, wie effektiv die empfohlene Weise ist.

B6-8

AUS /Leerlauf /AN

Die Lehrerin hat dieses Konzept bereits geübt und das zugehörige Arbeitsblatt für sich selbst ausgefüllt.

Einige Schüler sind oft AUS-geschaltet, von der Arbeit abgelenkt, und wenn die Lehrerin auf sie zugeht, halten sie ihren Atem an, bis sie wieder weitergeht. Dann können sie wieder atmen und schalten sich wieder AUS. Wir wollen diese Schüler als *AUS /Leerlauf /AUS-Schüler* bezeichnen. Meist finden wir in einer Klasse zwei bis vier Schüler dieser Kategorie. Da die Lehrerin diese neue Vorgehensweise gerade erst lernt, hat sie sich dazu nicht ihre „schlimmsten" Schüler ausgesucht, sondern einige Schüler, die nur leicht zu diesem Verhalten neigen.

Innerhalb einer gegebenen Phase der Stillarbeit läuft die Lehrerin mit Absicht schnell und mit strafender Miene auf diese Schüler zu und Sie, die Beobachterin, werden erkennen, ob diese dazu neigen, ihren Atem anzuhalten. Die Lehrerin bleibt nur ganz kurz bei den Schülern stehen und die Beobachterin wird erkennen, ob die Schüler die Tendenz haben, sich nach dem Weggehen der Lehrerin auch wieder AUS-zuschalten.

Innerhalb derselben Stillarbeitsphase wird die Lehrerin langsam auf die Schüler zugehen und bei ihnen stehen bleiben, bis sie schließlich wieder anfangen zu atmen und AN-geschaltet sind, das heißt sich auf ihre Aufgabe konzentrieren. *Es ist zwingend notwendig, daß der Schüler AN der Aufgabe ist und wenigstens zweimal geatmet hat, bevor die Lehrerin weggeht.* Wenn sie dann langsam weggeht, achten Sie darauf, ob sie nach hinten weggeht, so daß der Schüler nicht weiß, ob sie sich tatsächlich entfernt hat. Als Beobachterin schreiben auf, wie schnell die Lehrerin zum Schüler hinging, wie lange sie stehenblieb, bis der Schüler atmete und wieder an seine Arbeit ging, ob die Lehrerin nach hinten wegging, und wie lange der Schüler bei seiner Arbeit blieb, nachdem die Lehrerin gegangen war.

B6-9
B6-10

Vorschlag für die Nachbesprechung:
Die Lehrerin und die Beobachterin tauschen sich aus, welche anderen Schüler von dieser Vorgehensweise profitieren könnten.

Von Macht zu Einfluß

Es ist *unbedingt erforderlich*, daß sowohl die Lehrerin als auch die Beobachterin die Arbeitsblätter zu den Fertigkeiten *AUS / Leerlauf / AN* (A1-9 sowie A5-6 und A5-7) und die zu *Von Macht zu Einfluß* (A1-10 sowie A5-1 bis A5-5) bearbeitet haben, bevor sie mit dem folgenden beginnen.

Die Lehrerin übt, *Einfluß* anstelle von *Macht* anzuwenden. Eine Lehrerin, die *Macht* ausübt, vermittelt das Gefühl, als werde sie von einem Schüler, der sich unangemessen verhält, persönlich angegriffen; folglich ist die Intervention „konfrontativ". Die Pädagogin, die *Einfluß* einsetzt, trennt das Verhalten des Schülers von seiner Person. Das Ziel ist, den Schüler wieder an seine Arbeit zu führen. Warum ist dies so wichtig? Es wurde bereits darauf hingewiesen, daß es eine zunehmende Zahl von Schülern gibt, die zu Hause nicht besonders viel menschlichen Kontakt mit Erwachsenen haben. Wir wissen, daß alle Schüler es vorziehen, positiven Kontakt zu haben, aber Präferenz Nummer zwei ist, überhaupt Kontakt mit Erwachsenen zu haben. Diese Schüler sind bereit, sich in Schwierigkeiten zu bringen, um Kontakt mit einem Erwachsenen zu bekommen. In diesem Abschnitt geht es darum, das „Syndrom der negativen Verstärkung" zu unterbrechen.

Unser Ziel ist es, unter Beibehaltung der Kontrolle den physischen Abstand der Lehrerin vom Schüler zu vergrößern, denn je weiter die Lehrerin entfernt ist, desto mehr tendieren die Schüler dazu zu glauben, daß sie *AN* ihren Aufgaben sind, weil sie es wollen und nicht, weil die Lehrerin gerade in der Nähe ist. Dies ist wahrer *Einfluß.*

Achten Sie als Beobachterin bitte bei der *indirekten* Interaktion zwischen Lehrerin und den zwei ausgewählten Schülern auf die versteckten Anzeichen von *Einfluß.* Seien Sie zugleich empfänglich für die Wahrnehmung der Lehrerin. Sie kennt ihre Schüler am besten und fühlt sich vielleicht mit dem Grad ihres *Einflusses*, den sie im Vergleich zu ihrem normalen Schulalltag erreicht hat, sehr wohl. Die charakteristischen Merkmale des *Einflußansatzes* sind:

1. Die Lehrerin geht auf den Schüler zu, ohne ihn anzuschauen (Beispiel: Die Lehrerin befindet sich im Winkel von 45 Grad zur Blickrichtung des Schülers).

2. Sobald der Schüler nicht mehr *AUS*-geschaltet ist, macht die Lehrerin eine *PAUSE*.

3. Die Lehrerin schaut auf die Arbeit eines Nachbarschülers, während sie zugleich peripher *(indirekt)* den Schüler beobachtet, der *AUS*-geschaltet ist. Sie will sehen, ob der Schüler vom *Leerlauf* wieder *AN* seine Arbeit geht. Die Lehrerin wartet, bis der Schüler atmet, denn wenn er atmet, wird er wahrscheinlich nicht im *Leerlauf* bleiben, sondern wieder in Gang kommen und sich auf seine Arbeit konzentrieren. Falls der Schüler sich wieder *AUS*-schaltet, geht die Lehrerin augenblicklich näher auf ihn zu.

4. Sobald der Schüler wieder *AN* seiner Aufgabe ist und zweimal geatmet hat, geht die Lehrerin an die Seite des Schülers. An diesem Punkt hat sie viele Wahlmöglichkeiten; zu sprechen oder nichts zu sagen, Blickkontakt aufzunehmen oder einfach nur auf die Arbeit zu schauen, usw. Die Entscheidung hängt davon ab, wie sie das oben genannte „Syndrom der negativen Verstärkung" am besten in einen „positiven Kontakt" verwandeln kann. Die Lehrerin sollte sich beim Üben von diesem Grundsatz leiten lassen.

B6-11

Für den folgenden Versuch hat die Lehrerin zwei Schüler ausgewählt, bei denen sie diese Technik üben möchte. Denken Sie als Beobachter daran, daß es für die Lehrerin einfacher ist, eine neue Fertigkeit zu lernen, wenn sie mit einem nur leicht auffälligen Schüler übt, statt gleich mit dem „schlimmsten Fall". Mit letzterem ist besseres Timing erforderlich.

Mäusequiz

Deo-Roller kamen 1955 auf den Markt – sieben Jahre nach der Ersterfindung.
Nylon wurde erstmals 1927 entwickelt. Wie lange dauerte es bis zu seiner Marktreife?

Coachen bei

ufmerksamkeit
gewinnen

Kapitel 7
Aufmerksamkeit gewinnen

„Der Drang zur Verwirklichung
treibt das Genie voran. "
William Blake

Anmerkungen zu den hier behandelten Fertigkeiten

Verfeinerungen zu *Körperhaltung einfrieren:* Jeder Lehrer wird auf seine ganz eigene Weise bestimmen, welche der Verfeinerungen für ihn zutreffen. Akzeptieren Sie alles, was der Lehrer für sich als zutreffend bezeichnet.

Eröffnung mit visuellen Anweisungen: Dies ist eine Fertigkeit für Notfälle; daher braucht der Coach ein hohes Maß an Vertrauen von dem Lehrer, damit dieser ihn einlädt, ihn beim Üben dieser Fertigkeit zu beobachten. Gehen Sie sanft mit ihm um, wenn Sie ihm zu dieser Fertigkeit Feedback geben.

Unvollständige Sätze: Diese Fertigkeit ist eine der einfachsten unter den einunddreißig Fertigkeiten dieses Buches. Ermutigen Sie den Lehrer, sie einzusetzen, wann immer es paßt. Bitte beachten Sie, daß *Auflösen & Atmen* darin vorkommt.

Positive Kommentare: Diese Fertigkeit wurde mehr für Grundschullehrer entwickelt. Man kann sie nicht so leicht verallgemeinern wie die anderen Fertigkeiten.

Entgiften des Klassenzimmers: Diese Fertigkeit wird durchgehend als die absolut hilfreichste Technik eingeschätzt. Sie hätte eigentlich einen Platz unter den *sieben Schätzen* verdient. Ermutigen Sie sich gegenseitig, diese Fertigkeit zu perfektionieren. Erinnern Sie den Lehrer daran, daß Entgiften nur für Gruppendisziplinierung entwickelt wurde und nicht für die Disziplinierung einzelner Schüler.

Auflösen & Atmen: Dies ist die Lieblingstechnik des Autors und die beste Streßbewältigungstechnik. Da der Lehrer eine Disziplinierungssituation nicht zuverlässig „planen" kann, sollte der Kollege darauf achten, wenn eine solche Situation bei der Beobachtung einer anderen Fertigkeit auftritt. Sie sollten jedoch nur dann Feedback geben, wenn der Lehrer selbst das Thema aufgreift.

Die gelbe Ampel: Partner- und Gruppenarbeit wird oft vom Lehrer in der Unterrichtsphase einer Stunde genutzt. *Die gelbe Ampel* ist extrem hilfreich, um die Aufmerksamkeit der Schüler wieder zurück auf den Lehrer zu lenken.

Körperhaltung einfrieren: Verfeinerungen

Der Lehrer experimentiert mit den **Verfeinerungen** zu *Körperhaltung einfrieren*, um zu sehen, ob die Techniken die Geschwindigkeit und Leichtigkeit erhöhen, mit der die Klasse der Bitte um Aufmerksamkeit Folge leistet. Die Verfeinerungstechniken sind:

• vorn im Raum vor der Klasse stehen
• Füße parallel, Zehen zeigen nach vorn
• Gewicht auf beiden Füßen
• kurze Anweisungen

Da das Einfrieren der Körperhaltung an sich schon ungemein wirksam ist, kann es sein, daß die Verfeinerungen überhaupt keinen Unterschied machen. Warum sollte der Lehrer sie also üben? Aus zwei Gründen: Erstens um herauszufinden, ob sich dadurch etwas verändert, und zweitens helfen sie an rechtshemisphärischen Tagen (zum Beispiel vor den Ferien), die Wirkung von *Körperhaltung einfrieren* zu steigern.

Da es sich hier um Verfeinerungstechniken zu *Körperhaltung einfrieren* handelt, bleibt der Lehrer still stehen, wenn er sie anwendet, so daß die Variable(n) zur Verfeinerung isoliert sind und ihr Einfluß bestimmt werden kann.

B7-1

Der Lehrer wird es so arrangieren, daß er die Schüler mindestens drei oder vier Mal innerhalb des fünfzehnminütigen Beobachtungsbesuchs um Aufmerksamkeit bittet. Wenn der Lehrer innerhalb des Besuchs die Klasse nur zweimal um Aufmerksamkeit bitten kann, macht er nur 2.1 und 3.1 von dem folgenden **Beobachtungsbogen 7-1**.

Eröffnung mit visuellen Anweisungen

Wenn die Anweisungen beim Hereinkommen der Schüler schon an der Tafel stehen, können sie gleich **sehen**, was sie tun sollen.* Das wichtige daran ist, daß es sich um eine nicht mündlich vorgetragene Botschaft handelt. Solche Botschaften führen dazu, daß es in der Klasse ruhiger ist, die Schüler haben eine höhere Selbstachtung und das Energieniveau des Lehrers ist höher.

Die visuellen Anweisungen dienen verschiedenen Zwecken. Oft schreibt der Lehrer eine Aufwärmübung an die Tafel. Häufig ist dies eine Aktivität mit Papier und Bleistift zu bereits durchgenommenem Stoff, die den Schülern Spaß macht. Zum Beispiel eine Wiederholungsaufgabe in Mathematik, das Abschreiben neuer Vokabeln oder ihrer Definitionen oder auch nur einfache Fragen von großem Interesse. Die Übung muß im Rahmen der Fähigkeiten der Schüler liegen, so daß sie unabhängig vom Lehrer sind; ansonsten wäre es „Unterricht" statt „Aufwärmen für den Unterricht". Die Tafel dient nicht nur zum Ankündigen der Aufwärmübung, sondern erleichtert auch den Übergang zur ersten Aktivität. Zum Beispiel: „Nehmt Papier und Bleistift heraus und öffnet euer Geschichtsbuch auf Seite 127."

Vergleich: Nicht empfohlen gegenüber empfohlen
Vorbereitung: Lehrer und Beobachter treffen sich vor Beginn des Unterrichts und verständigen sich, welche Art von visuellen Eröffnungsanweisungen verwendet werden sollen: „Aufwärmübung" oder „Übergang" (Nr. 1 auf dem Beobachtungsbogen). Besprechen Sie auch, ob der Lehrer nonverbal die Aufmerksamkeit zur Tafel vormachen will oder es auf weniger effektive Weise tut (Nr. 2).

B7-2

Es wird empfohlen, daß der Lehrer nach mindestens einem Durchgang dieser Übung auch den folgenden Notfall probt.

---

* Da es im deutschen Sprachraum meist der Lehrer ist, der von Klasse zu Klasse wandert, hat er nicht immer die Möglichkeit, vor den Schülern im Raum zu sein. Sie werden selbst am besten wissen, zu welchem Zeitpunkt es sinnvoll ist, die *visuellen Anweisungen zur Eröffnung* anzuschreiben. (A.d.Ü.)

Notfall: Unter Zeitdruck
Manchmal hat der Lehrer nicht die Möglichkeit, die Anweisungen vorher anzuschreiben. In diesem Fall hat der Lehrer drei Alternativen:

1. die Klasse zur Ruhe zu bringen und dann die Anweisungen anzuschreiben.
2. die Klasse zur Ruhe zu bringen und die Anweisungen danach mündlich zu geben.
3. die Anweisungen anzuschreiben und dann die Aufmerksamkeit der Klasse auf sich zu lenken.

B7-3

Die zweite Möglichkeit funktioniert an bestimmten Tagen und ist schneller als die dritte Alternative, obwohl die dritte Möglichkeit die sicherste ist und an rechtshemisphärischen Tagen am ehesten Erfolg verspricht.

172

Unvollständige Sätze

In der Ausbildung wird angehenden Lehrern oft empfohlen, zu Beginn des Unterrichts erst die Aufmerksamkeit aller Schüler zu gewinnen. Wir wissen jedoch, daß wir eher mit dem Unterricht beginnen können und die Schüler sich besser an den Inhalt der Stunde erinnern, wenn wir unsere Stimme für den Verlauf des Unterrichts benutzen und unsere nonverbalen Signale zur Disziplinierung. Welche nonverbalen Alternativen haben wir also, um die Aufmerksamkeit der Schüler zu gewinnen?

Wenn der Inhalt großes Interesse weckt, kann der Lehrer mit der Stunde beginnen, und die Klasse wird gleich bei der Sache sein; wenn der Lehrer jedoch vermutet, daß das Interesse nicht groß genug ist, kann er *unvollständige Sätze* benutzen. Schüler, die den Lehrer nicht anschauen, aber einen abrupten Abbruch mitten im Einleitungssatz hören, werden ungewollt innehalten und nach vorn schauen. Dieses Vorgehen erlaubt einen schnellen Übergang zur Aufmerksamkeit. Beispiele dafür sind: „Wie wir seh...“, „In diesem Fall ko...“, "Achtet mal darauf, wie...". Wenn die unaufmerksamen Schüler nach vorne blicken, wiederholt der Lehrer noch einmal den ganzen Satz und fährt dann fort. Unter Verwendung der Fertigkeiten, die in *Lauter (Pause) Flüstern* gelernt wurden, sagt der Lehrer den *unvollständigen Satz* lauter als die Klassenlautstärke und wiederholt dann den ganzen Satz im Flüsterton. Unvollständige Sätze wirken oft bei den Schülern, die langsamer als andere dem Lehrer ihre Aufmerksamkeit zuwenden.

Unvollständige Sätze können jederzeit angewandt werden. Geradezu ideal wirken sie an rechtshemisphärischen Tagen, weil der Lehrer dann die Konzentration auf seine Person vermindern und den Rapport verstärken will. Das Timing, das diese Technik erfordert, sollte am besten eingeübt werden, bevor die rechtshemisphärischen Tage kommen.

B7-4

Positive Kommentare

Bis zum fünften Schuljahr lieben es die Schüler, vom Lehrer gelobt zu werden. Wenn der Lehrer eine Schülerin lobt, die während einer Übergangsphase etwas sehr gut macht, kann dieses Kind zum Vorbild für die anderen werden. Manchmal muß der Lehrer die Schüler loben, die neben den Ungezogenen sitzen, so daß letztere auf die ersteren aufmerksam werden, zum Beispiel: „Ich finde es schön, daß Katrin schon fertig ist."

Lehrer müssen vorsichtiger sein, wenn sie ältere Schüler loben wollen. Die *positiven Kommentare* müssen subtiler sein. Die Art der Kommentare, die der Lehrer geben kann, hängt von seinem Rapport mit der Klasse ab. Wenn der Lehrer nicht besonders guten Rapport hat, ist es weniger angemessen, das Wort „ich" zu benutzen. Er sollte lieber ein kollektives Lob aussprechen, statt einen einzelnen oder eine Kleingruppe zu loben.

Der Lehrer möchte Feedback zu seiner Anwendung von *positiven Kommentaren* in der Übergangsphase. Obwohl sich diese Fertigkeit unter der Phase *Aufmerksamkeit gewinnen* findet, kann sie auch in jeder anderen Phase der Unterrichtsstunde eingesetzt werden, in der es einen Übergang gibt. Der Lehrer richtet es so ein, daß es während Ihres fünfzehnminütigen Besuchs drei oder mehr Übergänge gibt.

B7-5

Entgiften des Klassenzimmers

An einem einzigen Tag muß ein Lehrer viele unterschiedliche Dinge tun. Wenn er konsequent nur eine Aktivität (zum Beispiel „Klassenschelte") von einem bestimmten Platz aus durchführt, verbinden die Schüler diesen Platz mit der Aktivität. Da der Lehrer die Verbindung zwischen der Aktivität und dem Ort im Raum aufgebaut hat, neigen die Schüler dazu, schneller und angemessener zu reagieren, da sie wissen, was sie zu erwarten haben. Diese Verbindung trifft nicht nur auf den Platz zu, sondern gilt auch für jegliche nonverbale Kommunikation. Wenn der Lehrer zum Beispiel konsequent jedesmal den Overheadprojektor anschaltet, wenn er möchte, daß die Klasse sich Notizen macht, bekommen die Schüler dieses Signal durch das Klickgeräusch des Schalters, das Geräusch des Gebläses und die Helligkeit der Lampe.

Wenn der Lehrer weiß, welche Aktivitäten er in einer Woche macht, kann er entscheiden, welche Aktivitäten er mit welchem Ort, welchem Gesichtsausdruck, welcher Stimme und welcher Körperhaltung und vielleicht sogar mit welchem Requisit verknüpfen möchte. Das Spektrum der Aktivitäten reicht von Anwesenheitskontrolle, Erschließen neuer Inhalte, Klassendiskussionen, im Kreis sitzen und einander Zuhören bis hin zu Unterstützung einzelner Schüler und „Klassenschelte". Daher paßt die Fertigkeit, *entgiften* oder trennen zu können in alle vier Phasen des Unterrichts. Sie wird an dieser Stelle vorgestellt, da die „Klassenschelte" d i e Aktivität ist, für die man unbedingt einen bestimmten Ort braucht.

Da der Lehrer nicht abschätzen kann, wann er die Klasse disziplinieren muß, gibt der Beobachter Feedback zu zwei oder drei Aktivitäten, bei denen der Lehrer eine systematische Verbindung zwischen einigen nonverbalen Repräsentationen und den Aktivitäten macht. Diese nonverbalen Signale können zum Teil aus verschiedenen Komponenten zusammengesetzt sein, zum Beispiel aus dem Ort, der Stimme, dem Gesichtsausdruck, der Körperhaltung, Gestik und Requisiten. Der Lehrer wird es so einrichten, daß er innerhalb des fünfzehnminütigen Besuchs des Beobachters zwei oder drei entsprechende Aktivitäten durchführt. Der Lehrer kann entscheiden, ob der Beobachter die Initialverknüpfung des nonverbalen Signals mit der Aktivität oder einem neuen Begriff beobachten soll oder ob der Beobachter eine Verknüpfung zu sehen bekommt, die schon früher etabliert wurde.

B7-6

Auflösen & Atmen

Jeder mentale Zustand steht eng in Verbindung mit einem entsprechenden körperlichen Zustand und wird durch diesen aufrechterhalten. Die Verknüpfung zwischen Körper und Geist ist derart eng, daß jede Veränderung in dem Zustand des einem sich in dem des anderen widerspiegelt.

Daraus läßt sich ableiten, daß eine Veränderung der Körperhaltung hilft, einen nicht erwünschten oder unangemessenen mentalen Zustand zu verändern. Um diesen Wechsel des emotionalen und mentalen Zustandes optimal zu unterstützen, bewegt man beim *Atmen* zugleich den Körper (*Auflösen* der Körperhaltung). Dies gewährleistet eine stärkere Trennung von dem vorangegangenen Zustand. Natürlich ist es um so leichter, den gegenwärtigen Zustand aufzulösen, je eher man erkennt, daß er nicht angemessen ist. Daher erlaubt das *Auflösen & Atmen* am Ende der „Klassenschelte" (siehe *Entgiften des Klassenzimmers*) dem Lehrer und den Schülern, sich wieder auf den Unterricht zu konzentrieren und bezüglich dessen, was geschehen ist, eine Amnesie zu entwickeln – sprich: zu vergessen, daß es überhaupt stattgefunden hat. Die andere Gelegenheit, wenn man *Auflösen & Atmen* anwendet, ist, wenn wir unsere Stimme anstrengen müssen, um die Aufmerksamkeit der Klasse zu gewinnen (siehe *Lauter (Pause) Flüstern*). Das Manöver *Auflösen & Atmen* dient sowohl bei der „Klassenschelte" als auch beim Einsatz einer lauten Stimme zum Gewinnen der Aufmerksamkeit dazu, die Rolle des Lehrers als Zuchtmeister von seiner Person als freundlicher und liebevoller Lehrer zu trennen.

Auflösen & Atmen ist die Streßmanagement-Technik der ENVoY-Methode. Daher sollte der Lehrer den Beobachter bitten, den Beobachtungsbogen bei folgenden Gelegenheiten auszufüllen:

• „Klassenschelte" (*Entgiften des Klassenzimmers*)
• Tadeln einzelner Schüler
• Lautstarkes *Lauter (Pause) Flüstern*
• Ein *unvollendeter Satz* an einem rechtshemisphärischen Tag
• Eine Notfallsituation, in der man schreien muß.

Es ist schwierig, genau vorauszusagen, wann die Umstände in der Klasse es rechtfertigen, daß der Lehrer seine Stimme hebt. Daher empfehlen wir, daß der Lehrer dieses Arbeitsblatt dem Beobachter an solchen Tagen gibt, an denen er schätzt, daß mehr Disziplinierung nötig sein wird. Im allgemeinen

© Synergeia Köln 2006

sind dies rechtshemisphärische Tage. An diesen Tagen ist eine Zunahme der genannten ersten vier Gelegenheiten zu erwarten. Die fünfte Gegebenheit (das *Schreien im Notfall*) könnte ein Beobachter ausfüllen, der einen solchen Vorfall zufällig miterlebt.

B7-7

B7-8

B7-9

B7-10

B7-11

Die gelbe Ampel

Es gibt vielfältige Situationen, in denen der Lehrer die Aufmerksamkeit der Klasse auf sich richten muß. Wenn die Schüler in eine Arbeit vertieft sind, ist es respektvoll, ihnen zu signalisieren, daß es allmählich Zeit wird, ihre Aufmerksamkeit wieder auf den Lehrer zu richten. Indem dies den Schülern vor der direkten Anweisung signalisiert wird, können sie sich selbst darauf vorbereiten. Zum Beispiel kann der Lehrer sagen: „Noch eine Minute". Man kann sich leicht das Chaos vorstellen, der entstände, wenn eine Verkehrsampel nur rotes und grünes Licht hätte; daher heißt dieses Vorwarnsignal „die gelbe Ampel".

Der Lehrer möchte ausprobieren, ob die gelbe Ampel eine glatte Überleitung schafft von der Schüleraktivität in selbständigem Lernen oder Arbeit in Kleingruppen hin zur Orientierung auf den Lehrer. Der Lehrer wird die Stunde so gestalten, daß die Schüler zwischen Aktivitäten an ihrem Tisch und Orientierung auf den Lehrer hin und her wechseln. Es wäre besonders lohnend, wenn die Arbeit am Tisch eine Gruppenarbeit wäre. Der Lehrer wird es so einrichten, daß die Klasse sich innerhalb des fünfzehnminütigen Besuchs des Beobachters mindestens viermal wieder auf den Lehrer konzentrieren muß.

Um die Wirksamkeit der Methode herauszuarbeiten, wird empfohlen, daß der Lehrer es zweimal auf die nicht empfohlene Art macht – also ohne *die gelbe Ampel*, um es danach zweimal auf die empfohlene Art zu machen. Wenn der Lehrer nur einen einmaligen Wechsel arrangieren kann, macht er den nicht empfohlenen und den empfohlenen Durchgang jeweils nur einmal.

B7-12
B7-13

Bei Anwendung der *gelben Ampel* achtet der Lehrer darauf, daß seine Ansage zwar deutlich hörbar ist, die Schüler aber trotzdem dadurch nicht von ihrer Arbeit abgelenkt werden. Der Beobachter achtet darauf, ob die Schüler in der Konzentration auf ihre Arbeit nicht gestört sind und wie sie gewillt sind, bei der zweiten Ansage ihre Arbeit sofort zu beenden und sich dem Lehrer zuzuwenden.

Coachen beim

nterrichten

Kapitel 8
Unterrichten

*„Wir können nicht umhin, nicht nonverbal zu kommunizieren –
die einzige Frage ist, ob wir es systematisch tun. "*

Anmerkungen zu den hier behandelten Fertigkeiten

Melden oder Zurufen: Die Instruktionen für diese Fertigkeit sind lang. Entscheiden Sie selbst, wie Sie die Anwendung dieser Technik durch die Lehrerin in einfacherer Weise aufzeichnen können.

Nonverbale Signale verstärken: Diese Fertigkeit kann in allen vier Phasen einer Unterrichtsstunde genutzt werden. Sie kann sowohl bei der Stoffvermittlung als auch im Management angewandt werden.

Überblenden: Dies ist eine der am wenigsten eingesetzten Fertigkeiten; sie ist jedoch in ihrer Anwendung einfach. Helfen Sie der Kollegin zu entscheiden, wann sie diese Technik anwenden will. Manchmal brauchen die kinästhetischen Schüler eine Gelegenheit, herumzuhampeln und sich bewegen zu dürfen. Das Überblenden schließt dies aus.

Auf der anderen Seite des Raumes: Diese Technik ist bei Lehrern das ganze Jahr über beliebt. Diese Fertigkeit ist der 5-Sekundentechnik in Kapitel 10, S. 213 sehr ähnlich.

Verbaler Rapport mit „schwer erreichbaren" Schülern: Dies ist eine der wenigen auf den einzelnen Schüler abgestimmten Fertigkeiten in diesem Buch. Sie ist ideal für Risikoschüler. Da dies ein sehr anspruchsvolles Verfahren ist, wird mehr als eine Beobachtung empfohlen.

Handlungsverben zuletzt: Ermutigen Sie die Kollegin, Gestik zu benutzen. Die Hand nach unten oder zur Klasse ausgestreckt ist die gleiche Technik, die sich auch beim Lehrervortrag unter *Melden oder Zurufen* findet.

Melden oder Zurufen: Verfeinerungen

Innerhalb der Unterrichtsphase einer Stunde, wenn die Lehrerin mit der Klasse interagieren möchte, stehen zwei Formen zur Verfügung, die sie nutzen kann, *Melden* oder *Zurufen*. Es gibt noch andere Variationen dieser beiden Formen: Zum Beispiel einen Schüler aufrufen oder die Schüler sich *melden* und dann alle zusammen die Antwort sagen lassen.

Bei dem nächsten Beobachtungsblatt soll folgende Grundregel getestet werden: Wenn das Interesse an dem Inhalt hoch ist, sollte die Form angesagt werden, bevor die Frage gestellt wird; wenn das Interesse am Inhalt gering ist, sollte man erst die Frage stellen und dann entscheiden, welche Form benutzt wird.

Die Lehrerin möchte Feedback dazu, inwiefern das Einhalten oder Nicht-Einhalten dieser Grundsätze sich auf die Klasse auswirkt. Die Lehrerin wird die Beobachterin für einen längeren Besuch (fünfzehn bis zwanzig Minuten) oder zwei kürzere Besuche (zehn bis fünfzehn Minuten) einladen. Sie wird den Unterricht während des Besuches so gestalten, daß es häufige Interaktionen zwischen den Schülern und der Lehrerin gibt.

B8-1

Die Lehrerin hat systematisch die Formel „großes Interesse – Form zuerst" und „geringes Interesse – Inhaltsfrage zuerst" durchgeführt. Um die Gültigkeit dieser Empfehlungen zu überprüfen, macht sie auch das Gegenteil.

Die Lehrerin zeigt der Kollegin nonverbal an, daß sie gleich eine hoch-interessante Frage stellen wird. (Als Signal vielleicht „Daumen nach oben".)

B8-2
B8-3
B8-4

Sie zeigt auch nonverbal an, daß sie das Gegenteil des empfohlenen Ansatzes macht, indem Sie zuerst die Inhaltsfrage stellt. Als Signal könnte der zunächst nach oben gerichtete Daumen nach unten gedreht werden.

Nonverbale Signale verstärken

Es ist einer der größten Vorteile, die der systematische Einsatz nonverbaler Signale mit sich bringt, daß mehr Inhalt in einer Atmosphäre behandelt werden kann, die beiden Seiten Gewinn bringt. Wenn nonverbale Signale zur Disziplinierung eingesetzt werden, bleibt die Stimme für den Verlauf des Unterrichts reserviert. Außerdem haben nonverbale Signale im Bereich der Stoffvermittlung eine präventive Funktion, da sie die Klasse zwingen, zur Lehrerin hinzuschauen. Ein willkommener Nebeneffekt davon ist mehr Ruhe im Klassenraum und – da die Augen der Schüler auf die Lehrerin gerichtet sind – die Möglichkeit, zur Disziplinierung alle nur möglichen nonverbalen Signale einzusetzen.

Wenn sich die Lehrerin mit der Kollegin vor der Beobachtung trifft, gibt sie ihr eine Liste von nonverbalen Signalen, die sie verstärkt einzusetzen versucht (Beobachtungsbogen 8-5).

B8-5

Die Beobachterin achtet besonders auf die aufgelisteten Signale. Vielleicht werden jedoch noch weitere Signale eingesetzt; dafür gibt es unten auf der Liste weiteren Raum. Innerhalb der Unterrichtsphase der beobachteten Stunde richtet die Lehrerin es so ein, daß sie viele unterschiedliche nonverbale Signale (inhaltliche und disziplinarische) einsetzt, die die Beobachterin in ihrem fünfzehnminütigen Besuch zu sehen bekommt.

B8-6

Da die Lehrerin sich darauf konzentriert, ihre nonverbalen Signale nur für die *Form* und ihre verbale Sprache nur für den *Inhalt* zu benutzen, listen Sie als Beobachterin bitte diejenigen Gelegenheiten auf, wenn ein verbales Signal eingesetzt wurde, obwohl es vielleicht effektiver gewesen wäre, entweder nur ein nonverbales zu setzen oder es mit der verbalen Botschaft zu verbinden.

B8-7

183

Überblenden

Je effektiver eine Lehrerin arbeitet, desto mehr Zeit spart sie und steigert die Produktivität. Die Lehrerin bereitet die Klasse auf den Unterrichtsstoff und die Anweisungen für die nächste Übung vor, während die Klasse noch bei der vorigen Aktivität ist. Sie schafft damit einen glatteren, schnelleren und leichteren Übergang zur nächsten Übung. Die Lehrerin arrangiert innerhalb des zehnminütigen Beobachterbesuches einen Übergang mit *Überblenden.*

B8-8

Vorsicht: Wenn es sich um eine hochkinästhetische Klasse handelt, sollte die Lehrerin zwischen zwei Aktivitäten eine Unterbrechung machen, so daß die Schüler aufstehen, sich bewegen und etwas Energie loswerden können. In diesen Fällen sollte man die Überblendungstechnik besser nicht benutzen.

Auf der anderen Seite des Raumes

Der traditionelle Stil, Rapport aufzunehmen, besteht darin, auf die Person zuzugehen, mit der man zu tun hat. Während das direkte Zugehen auf eine Person im Einzelkontakt in Ordnung ist, erweist sich diese Angewohnheit in der Gruppensituation einer Klasse als nicht so gut. Die Lehrerin hat geübt, wie sie sich unauffällig auf die andere Seite des Raumes begeben kann, bevor sie einen Schüler aufruft. Die körperliche Anwesenheit der Lehrerin bedeutet präventives Management für diejenigen Schüler, in deren Nähe sie steht, während sie zugleich die entfernt sitzenden Schüler nonverbal mit ihrem Blick führen kann. Achten Sie als Beobachterin bitte darauf, welchen Grad von Aufmerksamkeit die Klasse zeigt, wenn die Lehrerin in der eher traditionellen Reaktion auf einen Schüler zugeht und wie es ist, wenn die Lehrerin entfernt von dem Schüler steht, den sie aufruft.

B8-9
B8-10

184

Verbaler Rapport mit „schwer erreichbaren" Schülern

Es gibt gewisse Schüler, die nicht durch den Ruf oder die Autorität der Lehrerin zu motivieren sind. Man kann diese Schüler durch Rapport erreichen. Eine Form von Rapport besteht darin, die Unterrichtsstunde so zu gestalten, daß für diese Schüler etwas Interessantes dabei ist. Wenn ihr Interesse geweckt ist, werden sie viel aufmerksamer. Die Lehrerin möchte von Ihnen, der Beobachterin, eine Rückmeldung dazu, wie sie die Techniken einsetzt, die sie geübt hat. Auf dem folgenden Beobachtungsbogen füllt die Lehrerin zunächst selbst die Punkte 1.1 und 1.2 aus.

B8-11

Jugendliche und Ältere

Im Unterricht in unteren Klassenstufen kann die Lehrerin den Schüler anschauen, während sie über ein Thema spricht, das für den „schwer erreichbaren" Schüler von großem Interesse ist. Beim Unterrichten von Jugendlichen und Älteren ist es effektiver, den Schüler nicht anzuschauen, während man Häppchen seines Interessensgebietes in die Darstellung einwebt. Würde man den Schüler anschauen, während man über diese hochinteressanten Bereiche spricht, weiß der Schüler, daß dies mit Absicht gemacht wird. Wenn die Lehrerin jedoch anfängt, die hochinteressanten Themen des Schülers anzusprechen und sich dabei etwas von dem Schüler wegdreht, sobald dieser beginnt, sie anzuschauen, weiß der Schüler nicht genau, welche Absicht die Lehrerin hatte. Der Schüler fühlt sich zur Lehrerin hingezogen, und das reizt ihn; rechtshemisphärisch orientierte Menschen lieben das. Verhaltensmäßig bedingt folgt der Schüler der Lehrerin mit seinen Augen, wenn sie sich abwendet. Der Schüler hat das Gefühl, der Lehrerin aus eigenem Antrieb zu folgen, sich zu ihr hinzuwenden.

B8-12

Vor der nächsten Beobachtung wird die Lehrerin für die Beobachterin die Punkte 1.1 und 1.2 des Beobachtungsbogens ausfüllen.

Timing

Je länger jemand unaufmerksam ist, desto intensiver werden seine Tagträume. Daher sollte die Lehrerin – sobald sie sieht, daß ein Schüler beginnt, sich auszublenden – sein Interessensgebiet ansprechen, so daß die Wahrscheinlichkeit größer ist, daß der Schüler ihre Bemerkung hört. Die Lehrerin sollte diese Behauptung testen, indem sie zuerst das Gegenteil macht: Sie wartet so lange, bis der Schüler vollkommen in seinen Tagtraum weggeschwebt ist und spricht dann die für ihn interessanten Gebiete an. Sie sollte dies nach Möglichkeit zweimal mit demselben Schüler machen, bevor sie zur empfohlenen Weise übergeht, und die Interessensgebiete des Schülers anspricht, sobald er beginnt wegzudriften. Auch diese Intervention sollte mit demselben Schüler zweimal gemacht werden. Wenn die Lehrerin nicht in der Lage ist, in derselben Stunde alle vier Durchgänge zu machen, kann sie stattdessen in einer Stunde die weniger empfohlene und die empfohlene Methode jeweils nur einmal anwenden und beides noch einmal in einer anderen Stunde wiederholen.

B8-13

Handlungsverben zuletzt

Sagt eine Lehrerin Handlungsverben wie "nehmt, öffnet, tut, macht", werden die Schüler körperlich aktiv und folgen der Anweisung, sobald sie sie hören. So zum Beispiel, wenn die Lehrerin sagt, „Nehmt eure Bücher heraus und schlagt Seite 95 auf und schaut..." Wenn sich die Schüler bewegen, können sie die Information nicht genau hören. Die Lehrerin hat unbeabsichtigt eine Spaltung in der Klasse hervorgerufen zwischen den Schülern, die ihre Bücher auf Seite 95 geöffnet haben, und denen, die nicht wissen, woran sie sind. Im Grunde ist die Stunde etwas aus dem Takt geraten. Es gibt einige Möglichkeiten, diese Schwierigkeit zu umgehen: Die Lehrerin kann die Handlungsverben zuletzt sagen oder sie kann eine nonverbale Geste benutzen, (zum Beispiel, ihre Hand zum Stopsignal hochhalten, wie ein Verkehrspolizist), um der Klasse anzuzeigen, daß sie warten soll, bis die Lehrerin den Satz bis zum Ende gesagt hat.

Die Lehrerin möchte Feedback dazu, ob es einen Unterschied im Zuhören und Reagieren der Schüler gibt, je nachdem, an welcher Stelle im Satz sie die Handlungsverben plaziert. Sie wird zunächst absichtlich die Handlungsverben an den Anfang der Anweisungen setzen und danach ans Ende, während sie beim Aussprechen der Handlungsverben mit einer nonverbalen Geste „STOP" signalisiert. Durch diese Kontrastmethode kann die Beobachterin die Reaktion der Klasse beobachten und der Lehrerin das gewünschte Feedback geben.

Die Lehrerin wird den Unterricht so gestalten, daß während der Beobachtungszeit von 10 bis 15 Minuten 3 bis 4 Anweisungen gegeben werden.

B8-14
B8-15

Coachen beim

Übergang zur
Stillarbeit

Kapitel 9
Übergang zur Stillarbeit

„Ein Mensch weiß nicht, was er sagt,
bis er weiß, was er nicht sagt."
G.K. Chesterton

Anmerkungen zu den hier behandelten Fertigkeiten

Regieanweisungen zur Stillarbeit – Verfeinerungen: Der wichtigste Aspekt dieser Fertigkeit sind graphische Darstellungen. Ermutigen Sie den Lehrer, sie zu entwickeln. Die volle Wirkung des „stillen Hinzeigens" wird erst im Lichte dessen, was bei *Von Macht zu Einfluß* präsentiert wurde, voll verständlich. Das gemeinsame Ziel des „stillen Hinzeigens" sowie *Von Macht zu Einfluß* ist, das Syndrom der negativen Verstärkung zu unterbrechen. Wir möchten nicht, daß eine Schülerin mit Aufmerksamkeit bedacht wird, wenn sie sich unangemessen verhält.

Regieanweisungen zur Stillarbeit für Fortgeschrittene: Dies ist eine geschickte Maßnahme, die wirkungsvoll ist und wenig Zeit in Anspruch nimmt. Ermutigen Sie alle Grundschullehrer, diese Technik anzuwenden.

Regieanweisungen zur Stillarbeit: Verfeinerungen

Im Kapitel 4, Abschnitt *Regieanweisungen zur Stillarbeit* hat der Lehrer gelernt,

- seine Anweisungen visuell zu geben
- konsequent einen bestimmten Platz zu nutzen und Faben systematisch zu verwenden
- die Anweisungen, die regelmäßig eingesetzt werden, auf laminierte Schilder zu schreiben.

Jetzt hätte der Lehrer gern Feedback zu seinem Einsatz von weiteren Techniken aus dem Bereich der Regieanweisungen. Aufgrund der Natur dieser Fertigkeiten werden Sie als Beobachter zu mehreren Besuchen eingeladen. Jeder Besuch wird nur kurz sein, eigentlich nur für die eigentlichen Regieanweisungen zur Stillarbeit. Bei jedem Besuch wird der Lehrer Ihnen sagen, zu welcher der verschiedenen Techniken er sich bei dem jeweiligen Besuch eine Rückmeldung wünscht.

Zur Vorbereitung der folgenden Beobachtungen wird der beobachtete Lehrer jeweils Punkt 1 auf dem Beobachtungsbogen im voraus ausfüllen.

Stilles Hinzeigen
Es wäre unrealistisch zu glauben, daß sich Schüler über Nacht verändern und die Anweisungen direkt von der Tafel ablesen, anstatt den Lehrer zu bitten, sie zu wiederholen. Der Lehrer hat schon während der Stillarbeit geübt, still auf die Tafel zu zeigen, wenn die Schüler Fragen stellen, die an der Tafel beantwortet sind (zum Beispiel „Was soll ich als nächstes tun?"). Es ist sehr wichtig, daß der Lehrer dies tut, ohne die Schülerin direkt anzublicken. Der Lehrer sollte Blickkontakt vermeiden, so daß die Schülerin dies nicht als eine Art und Weise wahrnimmt, wie sie Aufmerksamkeit vom Lehrer erlangen kann. Diese Technik sollte an den Tagen beobachtet werden, wenn der Lehrer den Übergang von mündlichen zu visuellen *Regieanweisungen* macht.

B9-1

Rückfragen

Wenn der Lehrer die *Regieanweisungen zur Stillarbeit* ansagt und sie an der Tafel oder auf laminierten Schildern zeigt und fragt: „Noch irgendwelche Fragen?", dann achten Sie darauf, daß der Lehrer die zusätzliche Information auch an die Tafel schreibt, wenn er die Rückfragen beantwortet; andernfalls muß er wahrscheinlich die gleiche mündliche Information mehrfach wiederholen.

B9-2

Graphische Darstellungen

Rechtshemisphärisch orientierte Schüler achten mehr auf graphische Darstellungen, Symbole und wirkliche Gegenstände statt auf Worte. Der Lehrer sollte dies soweit wie möglich auf seinen Folienschildern und beim Anschreiben an die Tafel berücksichtigen. Wenn er zum Beispiel ein Arbeitsbuch benutzt, könnte er eine Farbkopie des Umschlags machen und daraus ein laminiertes Schild erstellen. Mit Hilfe von Haftmagneten könnte er es an die Tafel heften und die Seite des Buches daneben schreiben.

B9-3

Erst verdeckt, dann aufgedeckt

In Klassen, in denen der Lehrer die *Regieanweisungen zur Stillarbeit* vor seinem Vortrag oder währenddessen anschreibt, fangen einige Schüler schon während des Unterrichts damit an. Es hat Vorteile, wenn man die *Regieanweisungen zur Stillarbeit* noch so lange verdeckt läßt, bis der Unterrichtsteil der Stunde abgeschlossen ist und die Klasse zur Stillarbeit oder zum Beginnen mit den Hausaufgaben entlassen wird.

Für einige Schüler mag es aber auch von Vorteil sein, wenn sie die *Regieanweisungen zur Stillarbeit* schon vorher sehen können. Diskutieren Sie nach erfolgter Beobachtung das Für und Wider.

B9-4

191

Regieanweisungen zur Stillarbeit für Fortgeschrittene

Wenn die Klasse bei der Arbeit ist und der Lehrer eine Schülerin sieht, die sich unangemessen verhält, möchte er sie so leise wie möglich wieder an die Arbeit führen. Durch die Stille wird die produktive Arbeitsatmosphäre bewahrt. Die *Regieanweisungen zur Stillarbeit* erlauben minimale verbale Kommunikation. Bei den *Regieanweisungen zur Stillarbeit für Fortgeschrittene* werden die Anweisungen an der Tafel durchnumeriert. Dies gibt dem Lehrer die Möglichkeit, eine Schülerin während der Stillarbeit wieder an ihre Aufgabe zu führen, indem er sich wortlos nur durch Zeichen auf bestimmte Teile der *Regieanweisungen* bezieht.

Der Lehrer gibt dem Beobachter einen Sitzplan, auf dem die Schüler eingekreist sind, die aller Wahrscheinlichkeit nach daran erinnert werden müssen, bei ihrer Aufgabe zu bleiben. Als Beobachter wollen wir uns besonders darauf konzentrieren, ob der Lehrer in der Lage ist, still zu bleiben, wenn er diese Schüler mit Hilfe von möglichst häufigem Einsatz von nonverbalen Signalen wieder an ihre Arbeit zurückführt. Es wird vorgeschlagen, daß der Lehrer den beobachtenden Kollegen vor der Stunde mit einigen seiner nonverbalen Signale vertraut macht. Der Beobachter bleibt ca. zehn bis fünfzehn Minuten in der Stillarbeitsphase dabei. Es wird empfohlen, daß der Beobachter in der Klasse eintrifft, bevor die *Regieanweisungen zur Stillarbeit* gegeben werden.

B9-5

Mäusequiz

Nylon erreichte 1939 die Produktionsreife – 12 Jahre, nachdem es erfunden worden war.

Der Kugelschreiber wurde 1938 erfunden. Wann kam er wohl auf den Markt?

193

Coachen bei der

tillarbeit

Kapitel 10
Stillarbeit

„Der Einfluß der Macht ist kurzlebig,
die Macht des Einflusses ist grenzenlos. "

Wenn auch alle Kapitel von 7 bis 10 Verfeinerungen sind, die auf den Fähigkeiten von Kapitel 6 aufbauen, so trifft dies ganz besonders auf Kapitel 10 zu. Stellen Sie sicher, daß Ihre Kollegin die Fertigkeiten *AUS / Leerlauf / AN* und *Von Macht zu Einfluß* perfektioniert hat, bevor sie die Fertigkeiten von Kapitel 10 angeht. Dies sind die anspruchsvollsten von allen einunddreißig Fertigkeiten. Kapitel 10 erhärtet auch die Notwendigkeit der Anwendung von *Macht* und ihrer Komponenten. Schließlich wird auch der Rahmen dafür abgesteckt, wann und wieviel *Macht* eingesetzt werden kann.

Da das Thema dieses Buches nonverbales Unterrichtsmanagement ist, richtete sich das Hauptaugenmerk bisher weitgehend auf die Interaktion der Lehrerin mit der ganzen Klasse. In diesem Kapitel liegt die Betonung jedoch auf dem individuellen Kontakt mit einzelnen Schülern. Denken Sie daran, daß hier nur die nonverbalen Managementaspekte der Lehrer-Schüler-Interaktion betrachtet werden. Es ist wichtig, auch andere pädagogische Perspektiven einzubeziehen. Der Zweck der Disziplinierung liegt darin, einen Schüler, der von seiner Aufgabe abgelenkt *(AUS)* ist, wieder zu erfolgreicher Arbeit zu bringen *(AN)*. Wenn wir keine Aufgaben für ihn haben, mit denen er sich beschäftigen kann, müssen wir ihn ständig disziplinieren, denn der Schüler kann nur von *AUS* in den *Leerlauf* gehen, und dann blendet er sich wieder *AUS*. Wie schon erwähnt, können wir nur dann effektiv mit den Schülern umgehen, wenn wir es schaffen, ihnen ein angemessenes Curriculum anzubieten. Wenn wir in diesem Buch – im Bild des Fernglases gesprochen – die Lehreraktivitäten beim Disziplinieren mit der einen Linse näher heranholen, so ist dies nur der eine Teil des Ganzen; der andere ist die Betrachtung des Lehrplans durch die andere Linse des Fernglases.

Anmerkungen zu den hier behandelten Fertigkeiten

Vom Macht zu Einfluß: Ermutigen Sie die Lehrerin, den *Überblick* aus Kapitel 5, *Von Macht zu Einfluß* (S. 112, Arbeitsblatt 5-1) mehrfach zu üben, denn „Vakuumpausen" sind nur schwer faßbar. Vielleicht möchten Sie sich als Coach mit der Kollegin verabreden, um gemeinsam die „Beobachtungsfertigkeiten" (S. 113) zu üben. Unter Umständen mag es empfehlenswert sein, der Kollegin den Rat zu geben, die „Interventionen" (S. 114 und 115) erst auszuprobieren, wenn sie die „Vakuumpausen" erkennen kann.

AUS/Leerlauf/AN – Verfeinerungen: Die Fertigkeit besteht aus zwei Teilen: „Punkt-zu-Punkt" und „Abgang in zwei Stufen". Der erste Teil bietet eine Typologie zur Kategorisierung von Schülern. Wenn das der Lehrerin nicht ins Konzept paßt, können Sie es modifizieren oder auch einfach weglassen. Dieses Handbuch ist als pädagogisches Feinschmeckerbuffet konzipiert, aus dem jede Lehrerin sich die Themen und Ideen auswählen kann, die in ihr eigenes Repertoire passen.

Positive Verstärkung – Einzelkontakt: Diese Fertigkeit kann sowohl in der Phase *Unterrichten* als auch in der *Stillarbeit* eingesetzt werden. Das *Gruppenfeedback* ist ganz ähnlich wie die anderen visuell orientierten Techniken, nämlich: *Eröffnung mit visuellen Anweisungen, Regieanweisungen zur Stillarbeit* (einschließlich *Verfeinerungen*), *Regieanweisungen für Fortgeschrittene*. Da das *Gruppenfeedback* auch während der Unterrichtsphase gegeben werden kann, können alle Phasen einer Unterrichtsstunde davon profitieren, wenn die Lehrerin sich visuell verhält. Die visuelle Form verstärkt den Einsatz von nonverbalen Lehrerbotschaften erheblich, da das, was die Lehrerin sagt, visuell repräsentiert ist. Ermutigen Sie Ihre Kollegin, so oft wie möglich visuell zu arbeiten und die Anweisungen, die täglich genutzt werden, auf laminierte Schilder zu bringen.

Drei vorweg: Dies ist eine hervorragende Fertigkeit für Grundschullehrer.

Phantomhand: Ermutigen Sie Ihre Kollegin, zuerst den *Abgang in zwei Stufen* aus den *AUS/Leerlauf/AN: Verfeinerungen* erfolgreich abzuschließen, bevor sie sich mit dieser Fertigkeit befaßt. Bitte probieren Sie sie vorher gemeinsam aus, bevor die Lehrerin es in der Klasse versucht. Die *Phantomhand* und die *Vakuumpause* sind die zwei anspruchsvollsten Fertigkeiten in diesem Buch, direkt gefolgt von *Von Macht zu Einfluß.*

Aufrechterhalten der produktiven Atmosphäre: Von den drei Fertigkeiten, die unter diese Rubrik fallen, sind die **5 Sekunden** am effektivsten. Diese Fertigkeit kann in allen Klassenstufen angewendet werden. Man kann sie jeden Tag während der Stillarbeit einsetzen. Je häufiger diese Technik eingesetzt wird, desto größer wird ihr Einfluß. Das Üben der **privaten Stimme** und der **Geschwindigkeit beim Gehen** ist für nichtvisuelle Lehrkräfte besonders wichtig; machen Sie Ihren Kolleginnen Mut, es zu üben.

Von Macht zu Einfluß – Verfeinerungen

Für die meisten Fertigkeiten in diesem Handbuch gilt der Vorschlag, daß die Lehrerin sie am besten zuerst mit leicht auffälligen Schülern praktiziert, denn dies erleichtert ihr das Üben des Timings. Beim durchschnittlichen Schüler kann die Lehrerin den *indirekten Ansatz* mit *Einfluß* nutzen, um ihn wieder zu angemessenem Verhalten zu bewegen. Die nun folgende Fertigkeit konzentriert sich auf die Arbeit mit den „schlimmsten Fällen", den Problemschülern. Die Sanftheit des *Einflußansatzes* ist bei ihnen oft zu subtil. Die Lehrerin ist gezwungen, auf *Macht* zurückzugreifen, um die Aufmerksamkeit dieser Schüler zu gewinnen. Die Schwierigkeit des Einsatzes von *Macht* bei den Problemschülern besteht darin, daß man das Risiko eingeht, sich in der Rolle des Verkehrspolizisten zu verfangen. Die Lehrerin sollte *MACHT* nur dazu anwenden, den Schüler vom *AUS*-Sein wieder in den *Leerlauf* zu bringen und dann sollte sie *auflösen & atmen*, um zum *Einfluß* zu wechseln, so daß sie den Schüler indirekt aus dem *Leerlauf* wieder *AN* die Arbeit bringen kann.

Da dies eine sehr anspruchsvolle Technik ist, bitten wir die Beobachterin, daß sie zunächst die unten aufgeführten Abschnitte selbst durchführt und sich zu eigen macht, bevor sie mit der jetzt vorzustellenden Fertigkeit weitermacht.

- *AUS/Leerlauf/AN:* Arbeitsblätter A1-9, A5-7 bis A5-7, Beobachtungsbögen B6-9, B6-10
- *Einflußansatz:* Arbeitsblatt A1-10 und Beobachtungsbogen B6-11
- *Entgiften des Klassenraums:* Arbeitsblätter A2-8, A2-9
- *Auflösen & Atmen:* Arbeitsblätter A2-10 bis A2-14
- *Von Macht zu Einfluß:* Arbeitsblätter A5-1 bis A5-4

Wenn die Beobachterin diese vorausgesetzten Übungen macht, hat sie das Wissen und die Fähigkeit, der Lehrerin bei den folgenden Fertigkeiten Feedback zu geben:

- beim Erkennen, ob jemand *AUS*-, im *Leerlauf* oder *AN*-geschaltet ist
- beim Unterschied zwischen *Macht = direkt,* gegenüber *Einfluß = indirekt.*
- beim Trennen von mentalen Zuständen mit Hilfe von unterschiedlichen Plätzen im Klassenzimmer
- bei der Beobachtung des Atmens bei all diesen Fertigkeiten.

Zusammenfassung der wichtigsten Punkte

Es wird angenommen, daß bei Problemschülern der Versuch mit dem Einflußansatz fehlgeschlagen ist. Wenn die Lehrerin mit diesen Schülern zu subtil umgeht, wird sie sie nicht aus ihren Tagträumen zurückholen können. Daher wendet die Lehrerin die Technik *Von Macht zu Einfluß* an. Dabei nutzt sie einige oder auch alle Komponenten des direkten Machtansatzes:

- von vorn auf den Schüler zugehen
- Blickkontakt aufnehmen
- hoch und flach atmen
- die Stimme einsetzen, vielleicht sogar laut werden

Machtansatz

Die Lehrerin führt den Ansatz *Von Macht zu Einfluß* mit mindestens zwei „Problemschülern" durch. Natürlich wird es sich um zusammenhängende Interventionen handeln, obgleich die Fragen in den Beobachtungsbögen auf einzelne Stadien der Interventionen abzielen. Die Lehrerin richtet es so ein, daß die Beobachterin ihren Besuch während der Stillarbeit macht, wenn die Wahrscheinlichkeit besteht, daß die Schüler sich *AUS*-blenden.

Wenn die Lehrerin erst einmal die Aufmerksamkeit des Schülers hat (der Schüler ist im *Leerlauf*), wird sie zum indirekten Ansatz mit *Einfluß* wechseln. Die Lehrerin tut dies, indem sie alle nonverbalen Signale aufgibt, die sich auf die Einzelperson beziehen. Das heißt: Sie bricht den Blickkontakt ab, hört auf, hoch und flach zu atmen, berührt den Schüler nicht mehr, spricht nicht mehr mit harter oder lauter Stimme, usw. Stattdessen wendet sie sich dem Inhalt zu. Dies wird dadurch erreicht, indem sie folgendes tut:

- auf die Seite des Schülers gehen
- auf das Arbeitsheft des Schülers schauen
- tief und voll atmen
- weiter vom Schüler entfernt stehen
- entweder gar nicht sprechen oder flüstern.

Einflußansatz

Dieser Wechsel von der Rolle der Disziplinierenden zur Rolle der Unterrichtenden ist im Grunde das gleiche, was wir bei *Lauter (Pause) Flüstern* beobachtet haben.

B10-1

Beobachtungsfertigkeiten
In der Rolle des Beobachters haben Sie der Lehrerin Rückmeldung zu ihrer direkten Intervention mit Macht gegeben, mit der sie den Schüler zunächst in den Leerlaufzustand bringen konnte, um dann zur indirekten Intervention mit Einfluß zu wechseln, mit der sie den Schüler AN die Arbeit führte. Die Lehrerin möchte nun Ihr Feedback zu einer höchst subtilen und zugleich sehr wirkungsvollen Fertigkeit: Intervention zu einem ganz bestimmten Zeitpunkt. Hierbei wird von der Annahme ausgegangen, daß ein kinästhetischer, AUS-geschalteter Schüler die folgenden möglichen Verhaltensweisen zeigt:

Typische Merkmale von Problemschülern

- impulsiv und äußerst schnell
- extrem kurze Konzentrationsspannen
- kann sich nicht gut oder lange mit einer Sache beschäftigen
- Intelligenz liegt über dem Durchschnitt
- extern orientiert mit einer hohen Tendenz, sich ablenken zu lassen.

Aufgrund dieser Eigenschaften bleibt der Schüler nicht lange AUS-geschaltet, aber auch nicht lange AN der gleichen Aufgabe. Er ist wie eine Fliege, die ziellos von einem Punkt zum anderen irrt.

Die Lehrerin hat die Klasse einer Kollegin besucht, um folgende Verhaltensweisen beobachten zu lernen: Meist ist der Schüler auf eine Sache fixiert, dann macht er eine kurze Pause, in der er „ohne Fokus" ist, und geht dann zu einem neuen Fokus über. Wir haben diese kurze Pause als *Vakuumpause* bezeichnet. Dies ist eine Leere, wo nichts geschieht. Welchen Vorteil haben Sie, wenn Sie *Vakuumpausen* erkennen können? Vorher hat die Lehrerin eine Intervention in zwei Schritten gemacht, um den Schüler von *AUS* in den Zustand des *Leerlaufs* und dann von dort in den *AN*-geschalteten Zustand zu führen. Wenn man in einer *Vakuumpause* (quasi im Leerlauf) intervenieren kann, erspart das einen Schritt. Aufgrund der Ausgefeiltheit dieser Technik stellen Sie bitte sicher, daß Sie als Beobachterin die „Beobachtungsfertigkeiten" des Arbeitsblattes **5-2** ausgefüllt haben, bevor Sie weitergehen. Dieses Beobachtungstraining stellt sicher, daß man die nötigen Wahrnehmungsfähigkeiten hat, um der Kollegin in bezug auf ihr Timing Rückmeldung zu geben.

Interventionen

Es gibt eine ganze Reihe von Interventionen, die man in der *Vakuumpause* eines Schülers machen kann:

- Visuell: die Aufmerksamkeit des Schülers mittels Blickkontakt auffangen.
- Auditiv: den Namen sagen, sich räuspern oder sonst ein Geräusch machen.
- Kinästhetisch: auf den Schüler zugehen oder ihn berühren, um seine Aufmerksamkeit zu gewinnen.

Die Schwierigkeit dabei liegt im *Timing*. Wenn die Lehrerin den Schüler in einer *Vakuumpause* sieht und dann *beginnt* zu intervenieren, ist schon so viel Zeit verstrichen, daß der Schüler nicht mehr im *Leerlauf* ist, sondern sich bereits *AUS*-geblendet hat und mit etwas neuem beschäftigt ist. Die Lehrerin verpaßt buchstäblich die Pause zwischen „sehen" und „reagieren". Daher muß die Lehrerin den Rhythmus oder die Häufigkeit beachten, mit der die *Vakuumpause* eintritt. Ferner zeigen sich bei dem Schüler auch Anzeichen, daß er sich dem Ende eines Fokus nähert, so daß die Lehrerin voraussehen kann, daß die *Vakuumpause* eintritt. Dies gestattet ihr, am Ende eines Fokus mit ihrer Intervention zu beginnen (zum Beispiel den Schüler anzuschauen, seinen Namen sagen, ihn berühren, usw.) und in dem Augenblick, wo sie die Intervention durchführt, trifft sie den Schüler genau in seiner *Vakuumpause*.

Die Lehrerin richtet es so ein, daß die Beobachterin ihre Klasse innerhalb einer Stillarbeitsphase besucht, wenn die Wahrscheinlichkeit groß ist, daß einige extrem kinästhetische Schüler in ihrer Phantasiewelt sind. Die Lehrerin interveniert dann innerhalb der *Vakuumpausen* dieser Schüler. Das Schöne beim Üben dieser Fertigkeit ist, daß die Lehrerin selbst im Fall, daß sie daneben trifft und den Schüler in einem Fokus erwischt, dennoch das Timing übt. Wie bei fast allen Wahrnehmungstrainings gibt es kein Versagen, nur Feedback. Solange die Lehrerin in der Lage ist, gelegentlich in einer *Vakuumpause* einzugreifen, wird sie von der Effektivität des Timings überzeugt und daher motiviert sein weiterzuüben. Wenn die Lehrerin es möchte, kann sie mit denselben Schülern wie von Beobachtung **10-1** weiterüben.

B10-2

AUS/Leerlauf/AN: Verfeinerungen

Für Sie als Beobachterin ist es wichtig zu wissen, daß sich die Stillarbeitsfertigkeiten dieses Buches entwickelt haben aus:

• dem *Einflußansatz* und
• der Gewißheit, daß der Schüler AN seiner Aufgabe ist, wenn die Lehrerin weggeht.

Bitte machen Sie sich als Beobachterin mit diesen Fertigkeiten aus den Kapiteln 1 und 6 vertraut.

Zur *Verfeinerung* von *AUS/Leerlauf/AN* werden zwei Konzepte behandelt: Die *Punkt-zu-Punkt Methode* und der *Abgang in zwei Stufen*. Da diese Fertigkeiten, die die Lehrerin in ihr Repertoire aufnimmt, sehr anspruchsvoll sind, werden Sie um mehrere Besuche gebeten, um der Kollegin das Feedback zu geben, das sie für zunehmenden Fortschritt braucht.

Punkt-zu-Punkt

An Tagen, an denen die Lehrerin das Gefühl hat, daß sie nur noch herumwirbelt, versucht sie, die Produktivität bei der Stillarbeit hoch zu halten, indem sie von einem Problemschüler zum anderen hetzt. Erinnern Sie sich, wie Sie als Kind Zeichenbücher hatten, in denen sich auf leeren Seiten nur Zahlen mit Punkten daneben befanden? Von Zahl-zu-Zahl haben wir die Punkte miteinander verbunden. An Tagen, an denen die Lehrerin also hektisch ist, rennt sie von einem Schüler zum anderen, um sie wieder an ihre Arbeit zu führen. Eine Videoaufnahme des Klassenraums aus der Vogelperspektive würde zeigen, wie die Lehrerin von Punkt-zu-Punkt zwischen bestimmten Schülern hin- und herläuft. Der Unterschied zwischen dem Malbuch und der Videoaufnahme ist jedoch, daß ersteres einen Sinn ergibt.

Bestandsaufnahme:
Für die Beobachtung in der Stillarbeitsphase hat die Lehrerin ihre Schüler je nach der Art des Kontakts in drei Gruppen eingeteilt:

• **Gruppe H** – diejenigen Schüler, denen sie einfach nur *hilft*, sie aber nicht an ihre Aufgabe zurückführen muß.
• **Gruppe H & D** – diejenigen, denen die Lehrerin einerseits *hilft*, sie andererseits aber auch von Zeit zu Zeit *disziplinieren* und wieder an die Aufgabe zurückführen muß.

202

• **Gruppe D** – diejenigen, die viel *Disziplinierung* brauchen; die primäre Interaktion der Lehrerin mit diesen Schülern ist, sie wieder an ihre Arbeit zu bringen.

Besuchen Sie als Beobachterin die Klasse der Kollegin mindestens zwei-, vorzugsweise dreimal innerhalb einer *Stillarbeitsphase*. Bieten Sie der Lehrerin Feedback dazu an, ob sie tatsächlich Kontakt mit den Schülern der betreffenden Gruppen hat. Eine Möglichkeit dafür ist, daß die Lehrerin einen Sitzplan erstellt und mit Farben markiert, wo die einzelnen Gruppen sitzen.

Zum Beispiel könnten die Schüler der Gruppe H rot unterstrichen werden, die Gruppen H & D blau und die Schüler aus Gruppe D mit grün. Die Beobachterin kann jedesmal ein „H" daneben schreiben, wenn die Lehrerin einem Schüler hilft und ein „D" neben den Schüler, den sie diszipliniert. Nach zwei oder drei Besuchen zu je fünfzehn Minuten kann man auf dem Sitzplan sehen, ob die Gruppe „H" nur „Hs" daneben stehen hat; ob die Gruppen H & D „Hs" und „Ds" neben den Namen stehen haben und genauso die Schüler der Gruppe D nur „Ds" bekommen haben.

Vorschläge:
Da die Lehrerin ihre Klassensituation viel besser kennt als jede verallgemeinernde Theorie, sind die folgenden Vorschläge nur Leitlinien, die die Lehrerin mit einbeziehen und der Kollegin zur Beobachtung geben kann. Die Lehrerin kann die Leitlinien so modifizieren, wie sie möchte.

Gruppe H: Dies sind die Schüler, denen die Lehrerin im Einzelkontakt gerne hilft. Manchmal ist es so frustrierend, daß man als Lehrer nicht das tun kann, was man liebt: Unterrichten. Lehrer lieben es, anderen etwas weiterzugeben, sie zu unterstützen und Dinge zu ermöglichen. Natürlich wurde dieses ganze Buch in der Absicht geschrieben, unsere Managementfertigkeiten effektiver zu machen, so daß wir mehr Zeit haben, den Schülern etwas zu *geben*.

Die Lehrerin übt, die Tatsache zu akzeptieren, daß sie Teil eines Systems ist, das oft den Schülern der Gruppe H nicht genügen kann. Geben Sie der Kollegin Rückmeldung, ob sie entspannt erscheint, wenn sie mit diesen Schülern arbeitet, oder – wichtiger noch – wenn sie diesen Schülern *nicht* helfen kann, da sie ihre Zeit damit zubringt, andere Schüler wieder zur Arbeit zu motivieren. Wenn Ihre Kollegin hohe Ziele hat, wird sie Sie an solchen Tagen einladen, an denen sie weiß, daß sie mehr Zeit damit verbringen muß, Schüler zu disziplinieren, statt ihnen zu helfen. Unser Beruf braucht Lehrer und Lehrerinnen mit einem großem Herzen, die auch wissen, wie sie für sich selbst sorgen können. Beobachten Sie die Lehrerin innerhalb einer Stillarbeitsphase an einem Tag, der nicht gerade ihr „bester" ist. Machen Sie sich Notizen in bezug auf das, was die Lehrerin tut. Achten Sie besonders darauf, ob die Lehrerin tief und ruhig atmet oder ob sie flach und mit Seufzern atmet.

B10-3

Gruppe H & D: Dies sind die Schüler, denen die Lehrerin einerseits hilft, sie andererseits aber auch wieder an die Arbeit bringen muß. Die Lehrerin achtet darauf, ob die Tatsache, daß sie den Schülern geholfen hat, eine Steigerung ihres Arbeitsverhaltens zur Folge hat. Mit anderen Worten, verhalten sich einige Schüler der Gruppe H & D ungehörig, weil sie nicht fähig sind, sich mit ihren Schulaufgaben zu beschäftigen? Wenn das so ist, sollte die Lehrerin es nicht mit dem *Einflußansatz* versuchen, denn das würde nicht funktionieren. Stattdessen sollte sie direkt zu den Schülern aus H & D hingehen und ihnen sobald wie möglich helfen, nachdem sie die Klasse in die Stillarbeit entlassen hat (*Regieanweisungen zur Stillarbeit* und *die wichtigsten 20 Sekunden*). Wenn sie nicht zu den Schülern der Gruppe H & D hingehen kann, versucht sie die Möglichkeit zu akzeptieren, daß diese Schüler nicht AN der Arbeit sein werden. Die Lehrerin zählt diese Schüler dann zeitweilig zur Gruppe D. Die zentrale Frage für die Gruppe D ist: Stören sie andere? Wenn nicht und wenn die Lehrerin keine Zeit hat, ihnen zu helfen, läßt Sie sie einfach gewähren.

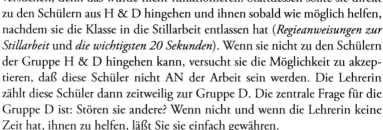

B10-4

Gruppe D: Mit diesen Schülern hat die Lehrerin vorwiegend Kontakt durch Disziplinierung, weniger durch gezielte Hilfe. Die Lehrerin hat reflektiert, ob sie die Schüler

- zu ihrem eigenen Besten wieder zu ihrer Arbeit führt, oder
- weil ihr ablenkendes Verhalten andere beim Lernen stört.

Unser Berufsstand ist dafür berühmt, daß wir aufgrund „philosophischer" Erwägungen Dinge tun, an die wir glauben, selbst wenn sie im Hinblick auf unsere Zeit und Energie wenig effektiv sind. Geben Sie bitte als Beobachterin Ihrer Kollegin Rückmeldung dazu, ob sie *nur* bei den Schülern der Gruppe D interveniert, die andere beim Lernen stören. Denken Sie daran, daß wir ja nicht mit Absicht die Schüler der Gruppe D ignorieren wollen, die abgelenkt sind, aber niemand anders stören, sondern daß die Lehrerin einfach nur begrenzte Zeit und Energie hat und auswählen muß.

B10-5

Abgang in zwei Stufen

Die *AUS / Leerlauf / AN*-Methode und *Von Macht zu Einfluß* zielen beide darauf ab, einen Schüler vom *AUS*-Sein durch den Leerlauf zum *AN*-Sein, zur Arbeit zu führen. Durch das Anwenden dieser Fertigkeiten wird das Syndrom des negativen Kontaktes zwischen der Lehrerin und dem „Problemschüler" eher umgewandelt in positiven Kontakt. Das neue Problem ist jetzt aber: Wie kommt man wieder von dem Schüler weg? Dieses Problem hat zwei Ursachen: Manchmal ist der Schüler einfach „kontakthungrig" und will die Lehrerin nicht wieder weglassen, zu anderen Zeiten ist unsere Anwesenheit nötig, um ihn *AN* der Arbeit zu halten. In beiden Fällen hilft die folgende Fertigkeit.

Wenn der Schüler mindestens zwei Atemzüge lang *AN* der Arbeit war (das heißt, er hat zweimal ein- und zweimal ausgeatmet):

A   Die Lehrerin bringt langsam ihren Körper so in Position, daß sie aufrecht und neben dem Schüler steht.

B   Da Blickkontakt in einer positiven Situation normalerweise als einladend verstanden wird und dadurch einen Austausch hervorruft, hält die Lehrerin ihre Augen auf die Arbeit des Schülers gerichtet. Damit ist die erste Stufe des Abgangs beendet.

C   Die Lehrerin entfernt sich jetzt langsam und schrittweise derart vom Schüler, daß er nicht sehen kann, wie sie sich nach und nach entfernt. Sie beobachtet den Schüler, um sicherzustellen, daß er unabhängig von ihr *AN* seiner Aufgabe bleibt.

D   Die Lehrerin entfernt sich langsam und schrittweise weiter vom Schüler.

B 10-6

Positive Verstärkung:

Einzelkontakt

Eine Untersuchung unter Pädagogen weist darauf hin, daß Lehrer, die ja bekanntlich mehr „menschenorientiert" als „themenorientiert" arbeiten, ein höheres Energieniveau und ein besseres Selbstbild haben, wenn sie ihre Schüler loben. Im Gegensatz dazu sinkt ihr Energieniveau und ihr Selbstbild wird negativer, wenn sie disziplinieren. Offensichtlich sind daher Methoden höchst willkommen, die „negative Verstärkung" vermindern und die Anwendung „positiver Verstärkung" durch die Lehrerin erhöhen.

Oft wird die Notwendigkeit, ein Lob oder einem Tadel aussprechen zu müssen, von der Länge der Zeit zwischen jedem Lob bestimmt. Nehmen wir an, die Lehrerin hat Kalle – einen höchst kinästhetischen Schüler – vorausschauend in ihre Nähe gesetzt, um ihn *AN* der Arbeit zu halten. Sie wendet in der Stillarbeit eine Reihe von disziplinarischen Maßnahmen an, um sein unangemessenes Verhalten zu unterbrechen und ihn wieder *AN* die Arbeit zu bringen. Ungefähr 30 - 40 Sekunden bleibt Kalle *AN* der Arbeit. Die Lehrerin interveniert etwa alle 60 - 90 Sekunden. Würde sie alle 25 Sekunden ein Lob erteilen, bliebe der Schüler länger auf seine Arbeit konzentriert und die Lehrerin würde sich besser fühlen, da sie positive Maßnahmen einsetzt.

Man kann den Wechsel von „negativer Interaktion" (Disziplinieren) zu „positiver Interaktion" (Loben) auch so sehen, daß die Lehrerin jedesmal, nachdem sie eine Disziplinarmaßnahme ergriffen hat, innerhalb von 20 - 25 Sekunden danach ein visuelles, auditives oder kinästhetisches Lob erteilt. Dadurch stellt die Lehrerin sicher, daß der Schüler weiß, welches Verhalten von ihm erwartet wird und daß er auch auf positive Weise Aufmerksamkeit gewinnen kann.

Dieses Konzept trifft besonders auf rechtshemisphärische Schüler zu, da sie folgende Charakterzüge haben:

- Interaktion von Mensch zu Mensch
- kurze Aufmerksamkeitsspanne
- Ablenkbarkeit
- Bedürfnis nach sofortiger Verstärkung

B10-7

Die Lehrerin hat diese Vorschläge geübt und möchte nun Feedback haben, wie sie die Empfehlungen umsetzt, und welche Wirkung diese Strategien auf die Schüler haben. Um das Timing dieser Techniken zu erlernen, übt die Kollegin erst einmal mit leicht auffälligen Schülern, statt sich gleich die „schlimmsten Fälle" vorzunehmen. Sie wird Sie bei einer solchen Gelegenheit einladen, wenn die Wahrscheinlichkeit hoch ist, daß positive Verstärkung angemessen ist. Obwohl diese Fähigkeit hier unter der Unterrichtsphase *Stillarbeit* eingeordnet ist, könnte sie genauso gut in der Phase *Unterricht* plaziert werden.

Gruppenfeedback

Die *Stillarbeit* ist dann am produktivsten, wenn die Schüler sowohl AN der Arbeit als auch entspannt sind. Wenn einige Schüler sich unangemessen verhalten, muß die Lehrerin ihnen Rückmeldung geben, was sie von der Klasse erwartet und wie sie sich im Vergleich zu diesen Erwartungen gerade verhalten. Wenn die Lehrerin dieses Feedback mündlich gibt, macht sie sich zum „Verkehrspolizisten". Wenn sie Verkehrspolizist spielt, muß sie meist sichtbar anwesend bleiben und kann folglich anderen Schülern nicht helfen. Es mag sein, daß die Polizistenrolle die Produktivität der Klasse erhöht, aber die Lehrerin hat damit den *Machtansatz* benutzt. Das bedeutet unter anderem, daß die Schüler nicht entspannt sind. Die Lehrerin hat außerdem die Wahrscheinlichkeit erhöht, daß die Schüler denken, sie sollten für die Lehrerin arbeiten, statt daß sie glauben, *selbstmotiviert* zu sein.

Im Abschnitt „Positive Verstärkung: Einzelkontakt" wurde die Anwendung von „Erwisch sie, wenn sie's richtig machen" für den Einzelkontakt vorgestellt. Wenn die Lehrerin es hier anwendet, sollte sie allen Schülern gemeinsam positives Lob erteilen, während sie gerade noch bei der Arbeit sind, aber schon beginnen, sich wieder auszublenden. Gleichzeitig sollte sie den *Einflußansatz* anwenden. Diese Methode hat viele positive Auswirkungen: Die Schüler denken, daß sie sich selbst motivieren, die Lehrerin kann weiterhin Schülern im Einzelkontakt helfen, und die Schüler sind entspannt. Die Lehrerin kann Feedback nonverbal mit visuellen Signalen geben. Die Beispiele, die auf den Seiten 126-127 gegeben werden, funktionieren gut bis zum vierten Schuljahr und müssen für die mittleren Klassenstufen ein wenig, für die Sekundarstufe II stark modifiziert werden.

B10-8

Drei vorweg

Wie der Name schon sagt, ist die produktivste Voraussetzung für die *Still*arbeit die *Stille* im Raum. Dies wird durch eine „visuelle" Atmosphäre und einem Management erreicht, das mit einem Maximum an nonverbaler Kommunikation arbeitet. Alles basiert darauf, daß die Anweisungen visuell an der Tafel stehen. In der Stillarbeit hat die Lehrerin auch die Zeit, individuell mit den Schülern zu arbeiten. Die nun folgende Fertigkeit zielt darauf ab, die Unabhängigkeit der Schüler bei ihrer Arbeit zu verstärken. Je selbständiger sie arbeiten, desto mehr Zeit hat die Lehrerin, anderen Schülern zu helfen. Diese Fertigkeit wurde für Schüler von der Vorschule bis zur fünften Klasse entwickelt.

B10-9

Die Lehrerin trifft sich mit einer Kollegin, die sie beobachten wird. Sie zeigt ihr das Poster „Drei vorweg", das sie heute mit bestimmten Verfeinerungen einsetzen möchte, zu denen sie Rückmeldung wünscht.

210   © Synergeia Köln 2006

Phantomhand

Kinästhetische Schüler zeigen oft das Bedürfnis nach der ständigen Anwesenheit der Lehrerin, um in der Stillarbeitsphase ihre Aufgaben machen zu können. So sehr sich diese Schüler diese ständige Präsenz auch wünschen mögen, so muß die Lehrerin doch auch noch alle anderen Schüler unterstützen und im Auge behalten. Es stellt sich also die Frage: „Wie kann die Lehrerin aus einer Entfernung heraus auf positive Weise als gegenwärtig empfunden werden?"

Um diese Frage zu beantworten, nehmen wir an, daß sowohl die Lehrerin als auch die beobachtende Kollegin mit dem Einflußansatz vertraut sind; daher wissen Sie als Beobachterin um die Wichtigkeit und können erkennen, wie die Lehrerin auf einen Schüler zugeht, während dieser *AN* der Arbeit ist, so daß die Gegenwart der Lehrerin als „positiver Kontakt" erlebt wird. Die folgende Fertigkeit wurde entwickelt, damit die Beobachterin der Lehrerin Rückmeldung zu ihrer Fähigkeit geben kann, einen Schüler in diesem positivem Kontakt zu *lassen*, so daß er noch ihre Gegenwart spürt, selbst wenn die Lehrerin schon weggegangen ist. Da dies einen hohen Grad an Wahrnehmungsfertigkeit verlangt, stellen Sie sicher, daß Sie als Beobachterin die Arbeitsblätter 5-11 bis 5-13 zur Phantomhand geübt haben. Dadurch ist sichergestellt, daß Sie die folgenden vier Bestandteile der Phantomhand mit einer Kollegin im Rollenspiel simuliert haben, und diese Fertigkeit auch bei Schülern ihrer eigenen Klasse anwenden:

- Berührung verstärken
- Berührung abschwächen
- Abheben
- Weggehen

Die Lehrerin wird es so einrichten, daß die Beobachterin ihren Besuch innerhalb einer Stillarbeitsphase machen kann, wo sie diese Technik anwendet.						**B10-10**
						B10-11

Aufrechterhalten der produktiven Atmosphäre

Die im folgenden beschriebenen drei Fertigkeiten dienen dazu, die produktive Atmosphäre während der Stillarbeit aufrechtzuerhalten.

Private Stimme

Wie wir wissen, entsteht eine produktivere Stillarbeit aufgrund einer visuellen Atmosphäre, die damit anfängt, daß die Lehrerin visuelle Regieanweisungen zur Stillarbeit verwendet und die *wichtigsten 20 Sekunden* einsetzt. Wie hält man diese Atmosphäre aufrecht und fördert sie, wenn die *wichtigsten 20 Sekunden* vorbei sind? Hier geht es um einen der drei Faktoren, die zum Aufrechterhalten des produktiven Arbeitsklimas beitragen.

Öffentliche und private Stimme

Während der gesamten Schullaufbahn werden die Schüler darauf konditioniert, dem Ruf der Lehrkraft nach Aufmerksamkeit Folge zu leisten. Die Lehrerin weiß, daß diese Aufforderung sowohl verbal gegeben werden kann (zum Beispiel: „Leute", „Jungs und Mädels", Ihr Pappenheimer", „Ruhe bitte", „Schaut alle mal her", usw.) als auch nonverbal. Eine Möglichkeit, die Schüler nonverbal um Aufmerksamkeit zu bitten, liegt in der Art der Stimme. Es ist zwingend notwendig, daß die Lehrerin darauf achtet, ob sie mit „öffentlicher Vortragsstimme" oder mit „privater" Stimme spricht. Erstere sollte sie während ihres Vortrags einsetzen, die letztere in der Stillarbeit.

Zur Überprüfung dieser Behauptung macht die Lehrerin bei der Stillarbeit das Gegenteil: Während sie einem Schüler in Einzelarbeit hilft, spricht sie mit ihrer „öffentlichen Vortragsstimme". Als Beobachterin sollten sie festhalten, was diese Stimme bewirkt. Einige der möglichen Auswirkungen:

- Die öffentliche Vortragsstimme der Lehrerin ist wie ein Stein, der in einen Teich geworfen wird - er erzeugt ein Wellenmuster, das sich in der Körperhaltung der Schüler ausdrückt.
- Die öffentliche Vortragstimme der Lehrerin verursacht anfangs eine Wellenbewegung, dann ein Erstarren.
- Bei anderen Gelegenheiten sieht die Beobachterin vielleicht, wie die Schüler mitten im Kommentar der Lehrerin oder am Ende ihre Körperhaltung verändern.
- Es kann auch sein, daß die Schüler erstarren, die in der Nähe der Lehrerin sitzen, und diejenigen, die weiter weg sind, sich vielleicht bewegen.
- Wenn die Stimme der Lehrerin laut und ärgerlich ist, erstarren die Schüler oft wie verängstigte Tiere.

B10-12

Geschwindigkeit beim Gehen

Im vorigen Abschnitt hat die Lehrerin erforscht, welche Wirkung ihre Stimme auf die Konzentration der Klasse hat. Bei der nun folgenden Fertigkeit wird herausgearbeitet, welche Konsequenzen die Gehgeschwindigkeit der Lehrerin hat, wenn sie sich durch den Raum bewegt, um einzelnen Schülern zu helfen. Wenn man zu schnell durch die Klasse geht, ist man wie ein Schiff, das durchs Wasser pflügt – es hinterläßt eine Bugwelle.

Um zu sehen, ob diese Behauptung wirklich zutrifft, führt die Lehrerin zuerst das Gegenteil und dann die empfohlene Vorgehensweise durch. Sie gibt der Beobachterin ein Zeichen, wenn sie mit Absicht schnell von einer Seite der Klasse zur anderen gehen wird.

B10-13

5 SEKUNDEN

Aus den Kapiteln 4 und 9 wissen wir, daß wir bei unseren Schülern mit Hilfe von *visuellen Regieanweisungen zur Stillarbeit* und den *wichtigsten 20 Sekunden* beim Übergang zur Stillarbeit zumindest am Anfang eine höhere Produktivität erreichen. In den beiden vorangegangenen Abschnitten wurden mit *Privater Stimme* und *Geschwindigkeit beim Gehen* zwei Variablen behandelt, die eine produktive Arbeitsatmosphäre während der Stillarbeit aufrechterhalten. Die folgende Fertigkeit ist eine Art Kombination dieser beiden Strategien.

stillstehen, atmen und durch die Klasse blicken

Da die nonverbale Kommunikation der Lehrerin der Schlüssel zum Unterrichtsmanagement ist, und da die *Pause* das absolut einflußreichste nonverbale Signal ist, müssen wir herausfinden, wie wir die PAUSE möglichst oft einsetzen können. Einige Faustregeln:

• Jedesmal, wenn die Lehrerin in der Stillarbeit ihre öffentliche Vortragsstimme einsetzt, sollte sie volle *20 Sekunden* stehenbleiben oder zumindest eine Kurzpause von *5 Sekunden* einlegen.
• Nach jeder zweiten oder dritten Schülerin, der sie hilft, bleibt sie stehen, atmet und schaut einmal über die ganze Klasse.

Um zu überprüfen, ob diese Empfehlungen wirklich Sinn machen, kann die Lehrerin zuerst das Gegenteil der empfohlenen Weise versuchen. Dadurch können Sie als Beobachterin der Kollegin Rückmeldung in bezug auf die Schülerreaktionen in beiden Fällen geben.

In der ersten Beobachtung wird der Fall überprüft, daß in der Stillarbeit eine Ansage an die ganze Klasse erforderlich ist.

B10-14   Selbst wenn zwischendurch keine Ansagen an die Klasse erforderlich sind, sollte die Lehrerin aufrecht stehenbleiben, nachdem sie zwei oder drei Schülern geholfen hat. Während dieses aufrechten Stehens schaut sie in der Klasse umher und atmet dabei ruhig. Diese regelmäßigen *5 Sekunden* bringen die Klasse zur Ruhe. Verschiedene Faktoren sind dabei zu bedenken:

- Bleibt die Lehrerin nach jeder zweiten, dritten oder vierten Schülerin stehen, atmet und schaut durch die Klasse? Dies hängt davon ab, wie ruhig oder unruhig die Klasse insgesamt ist.
- Steht die Lehrerin mit dem Gesicht zur Klasse, wenn sie stehenbleibt, atmet und durch die Klasse schaut?
- Signalisiert sie in dieser Phase nonverbal dem nächsten Schüler, daß sie in einer Minute bei ihm sein wird, um ihm zu helfen? Mitunter kann die Lehrerin einem solchen Schüler auch einen Wink geben, ohne ihn dabei anzuschauen.

B10-15

Kapitel 11

Das letzte Kapitel

Viele Leser sind so klug, die Güte eines Buches zu überprüfen, indem sie zuerst „das letzte Kapitel" lesen. Dies gibt ihnen eine Zusammenfassung des Wesentlichen: Worum geht es hier und inwieweit spricht es mich an? Der letzte Abschnitt ist normalerweise der Höhepunkt des Ganzen – so meint man und denkt dabei eher an theoretische Arbeiten. *Schule erster Klasse* ist aber kein Buch, in dem es um „Wissen" geht – hier geht es ums „Tun". Wenn Sie also diese Seite aufgeschlagen haben, um - wie mein studierender Sohn sagen würde – „die Tiefe des Werkes auszuloten", dann sollten Sie jetzt Kapitel 1 aufschlagen: *„Die Sieben Schätze"*.

V5

Mäusequiz

Dies war eines der kurzfristigeren Beispiele: Der Kugelschreiber wurde 1945 auf den Markt gebracht – sieben Jahre nach seiner Erfindung.

Hybridmais wurde erstmals 1908 gezüchtet. Wann wurde er schließlich verbreitet?

(Ich glaube, Sie müssen nun wirklich Geduld haben und auf die Fortsetzung von *Schule erster Klasse* warten ...)

216

Anhang

Inhalt der CD-ROM

 64 Arbeitsblätter
zu Kapitel 1-5

 59 Beobachtungsbögen
zu Kapitel 6-10

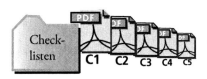 20 Checklisten
zu Kapitel 1-5 bzw. 6-10

Checklisten zum Überblick über die Kapitel

Die Checklisten auf der beigefügten CD-ROM sollten nach erfolgter Bearbeitung der Arbeitsblätter und der Beobachtungsbögen verwendet werden. Sie bieten eine ganzheitliche Zusammenschau aller Fertigkeiten des vorliegenden Buches. Sie sind in der dritten Person geschrieben und können sowohl von der Lehrkraft selbst als auch vom Beobachter oder einem Vorgesetzten eingesetzt werden. Nicht alle aufgeführten Punkte sind für jede Unterrichtsstunde relevant; auch passen sie nicht zu jedem Inhalt, jeder Klassenstufe oder jedem persönlichen Unterrichtsstil.

Die Checklisten sind wie folgt angelegt:
Checkliste 1 zu Kapitel 1 kann dazu dienen, sich eine ganze Unterrichtsstunde mit allen vier Unterrichtsphasen vor Augen zu führen. Die sieben Fertigkeiten aus Kapitel 1 sind bei weitem die wichtigsten Kompetenzen.

Die Checklisten 2 bis 5 entsprechen den jeweiligen Kapiteln und behandeln die vier Phasen des Unterrichts in ihren feineren Einzelheiten. Die Grundfertigkeiten aus Kapitel 1 tauchen in den Checklisten 2 bis 5 nochmals auf, bezogen auf die jeweilige Unterrichtsphase.

Da ich den abwechselnden Gebrauch des männlichen und weiblichen Genus beibehalten will, werden bei den Phasen *Aufmerksamkeit gewinnen* und *Übergang zur Stillarbeit* die männliche Form für „den Lehrer" und die weibliche Form für „die Schülerin" verwendet. Entsprechend werden in den Phasen *Unterrichten* und *Stillarbeit* die weibliche Form für „die Lehrerin" und die männliche Form für „den Schüler" benutzt.

Kollegiales Coaching –

eine Alternative zur Supervision

Eine Fertigkeit will nicht nur geübt,
sondern erst einmal vermittelt sein.

*„Nicht mit Macht, nur mit Einfluß können wir Menschen helfen,
ihre eigenen Stärken zu entfalten."*
ENVoY

Im Bildungsbereich bieten wir zu schnell Übungsmöglichkeiten an, bevor
die Schüler die Fertigkeit überhaupt verstanden haben. Wir machen zum
Beispiel Textaufgaben im Unterricht, indem wir sagen, „An der ersten Haltestelle steigen zehn Leute in den Bus ein, bei der nächsten Haltestelle verdop-
pelt sich die Menge und bei der dritten Haltestelle steigt noch eine weitere
Person dazu. An der vierten Haltestelle steigt ein Drittel der Leute aus. Wie
viele Personen sind noch im Bus?" Ohne Frage werden sich die Schüler, die
schon im Kopf rechnen können, durch diese Übung verbessern, aber die
Übung als solche hat nichts dazu beigetragen, den Schülern zu helfen, die
nicht wissen, wie sie Textaufgaben lösen sollen. Erst durch das nochmalige
Durchgehen an der Tafel – oder besser noch: durch das Durchspielen der
Szene mit realen Gegenständen auf dem Tisch der Schüler – würden diese
Schüler tatsächlich die Fertigkeit lernen.

Gleichermaßen können wir von Lehrern nicht erwarten, daß sie automatisch aus ihrer Erfahrung lernen; Weisheit entspringt aus dem Austauschen,
dem gegenseitigen Mitteilen unserer gesammelten Reflektionen über unsere
Erfahrungen. Das ist es, was *Schule erster Klasse* ausmacht: eine Sammlung
von Strategien und Mustern, die wir ohnehin an solchen Tagen umsetzen, an
denen wir gut in Form sind. *Schule erster Klasse* kann von Schulleitern oder
Verantwortlichen für Lehrerfortbildung als *Hilfe zum Lehren der Managementfertigkeiten im Unterricht* genutzt werden. Kapitel 6 - 10 wurden speziell
zur Unterstützung dieser Fertigkeiten konzipiert.

Schule erster Klasse ist gedacht als Handbuch zur beruflichen Weiterentwicklung. Es kann als Alternative zur Hospitation genutzt werden, wenn es
um die Bewertung des Unterrichtsmanagements geht. Das Buch ist so an-

gelegt, daß diejenigen Schulen und Seminare am meisten davon profitieren, in denen ein solches Niveau von Professionalität erreicht ist, daß die Lehrer oder Lehramtsstudenten sich mit ihren Kollegen, Fach- oder Seminarleitern über ihr berufliches Wachstum austauschen können. Dies könnte in folgenden Schritten ablaufen:

- Bestimmte Unterrichtsphasen für die angestrebte Verbesserung auswählen
  - Dazugehörige Fertigkeiten auswählen
- Termine/Daten der Vervollständigung setzen für
  - Arbeitsblätter
  - Beobachtungsbögen
- Abschließende Bewertung

Schule erster Klasse fördert die professionelle Entwicklung durch freiwillige Zusammenarbeit und kollegiales Coaching. Eine abschließende Einschätzung kann zusammen mit Kollegen, Schul-, Seminar- oder Fachleitern geschehen.

Schule erster Klasse kann auch dazu benutzt werden, um einem Lehrer in etwas „unfreiwilliger" Weise zur Verbesserung in einer der vier Unterrichtsphasen oder auch in mehreren zu führen. Wenn Sie als Schulleiter gezwungen sind, diese unfreiwillige Verwendung durchzuführen, denken Sie dabei an die Fertigkeiten, die in Kapitel 5 bei *Von Macht zu Einfluß* behandelt wurden. Es ist in Ordnung, *Macht* einzusetzten, um jemanden (einen Lehrer oder Schüler) aufzurütteln, aber seien Sie vorsichtig, daß Sie nicht im „autoritären" Stil hängenbleiben. Wenn Sie die Aufmerksamkeit einer Person gewonnen haben, (denken Sie an Martin, das Maultier), wechseln Sie sobald wie möglich zum Einflußansatz. Auf der CD-ROM finden Sie einen Vorschlag für eine Zielvereinbarung.

Internetforum

Auf den Internetseiten vom Synergeia

www.synergeia.com

und auf der Seite zu diesem Buch

www.SchuleErsterKlasse.de

können Sie sich für eine Informations-und Austauschbörse für die Anwender der von Michael Grinder entwickelten Fertigkeiten einschreiben. Die Fertigkeiten von *Schule erster Klasse* sind durch vielfältige praktische Versuche mit einzelnen Lehrern, vollständigen Kollegien und gesamten Schulbezirken erprobt. Es hat sich erwiesen, daß die Fertigkeiten am erfolgreichsten umgesetzt werden, wenn Lehrerinnen und Lehrer zuerst an einer innerschulischen Fortbildung teilnehmen und anschließend in ihrer Klasse „gecoacht" werden. Erstaunliche Erfolge erreichen allerdings auch die Lehrkräfte in Bezirken ohne Coaching. Da *Schule erster Klasse* die gesammelte Weisheit unseres Berufsstandes in bezug auf nonverbales Unterrichtsmanagement ist, wird dieses Wissen durch jede Art von Beitrag auf der Forumsseite erweitert – gleichgültig, ob es sich um einen Erfahrungsbericht oder eine Frage handelt. Es ist dem Autor und dem Verlag bewußt, daß Ihre individuellen Kommentare ein besonderes „Dankeschön" verdienen. Bitte akzeptieren Sie dieses „Dankeschön" im voraus von Ihren Kollegen, von *Michael Grinder & Associates* und von *Synergeia*.

Für die Leser Ihrer Beiträge auf der Forumsseite mag es hilfreich sein, wenn einige der folgenden Informationen in Ihrem Forumsbeitrag enthalten sind:

Schulart und Klassenstufe
Wie lange arbeiten Sie schon mit *Schule erster Klasse?*
Haben Sie irgendeine Art von Ausbildung in den Fertigkeiten bekommen?
Haben Sie zu Ihrem eigenen Training die ENVoY-Videoserie eingesetzt?

221

Videos

Die Videoausschnitte auf der CD-ROM wurden zusammengestellt aus
ENVoY: Nonverbale Maßstäbe für ein produktives Lernklima
Videoserie von und mit Michael Grinder
eine Koproduktion von Michael Grinder & Associates
und Synergeia, Köln

Diese dreiteilige Videoserie wurde in professioneller Qualität während
eines Trainingsseminars im Herbst 1994 in Deutschland erstellt. Sie folgt
der Darstellung im vorliegenden Buch und demonstriert anschaulich die in
Kapitel 1 bis 5 vermittelten Fertigkeiten. Michael Grinder spricht Englisch
und wird konsekutiv übersetzt von der Übersetzerin dieses Buches, Gabriele
Dolke-Ukat. Auf den Videos werden auch Feinheiten vermittelt, die in diesem Buch nicht darstellbar waren.

Video 1 : Die Sieben Schätze (ca. 60 Minuten)
• Einführung in die unterschiedlichen Lerntypen
• Vorstellung der sieben Grundfertigkeiten aus Kapitel 1 mit Schaubil-
  dern und Hintergrundinformationen
• Praktische Übungen unter Mitwirkung von Teilnehmern des Trainings-
  seminars

Video 2: Aufmerksamkeit bekommen und Unterrichten
– Verfeinerungen (ca. 60 Minuten)
• Sieben Verfeinerungen zu *Aufmerksamkeit gewinnen* (Kapitel 2)
• Sechs Verfeinerungen zu *Unterrichten* (Kapitel 3)

Video 3: Übergang zur Stillarbeit und Stillarbeit
– Verfeinerungen (ca. 60 Minuten)
• Fünf Verfeinerungen zu *Übergang zur Stillarbeit* (Kapitel 4)
• Vorstellung von Kapitel 5

Nähere Informationen zu dieser Videoserie wie auch zu den anderen Materialien von Michael Grinder im Internet unter **www.synergeia.com**

Be-merkenswerte Zitate

Effektives Unterrichtsmanagement heißt „*still* sein wie eine . . . . ". (S. 12)

Unbeabsicht sind wir in den Einfluß der Macht verliebt, doch sollten wir die Macht des Einflusses lieben. (S. 15)

Indem wir das ganze Spektrum nonverbaler Fertigkeiten nutzen, die in diesem Buch zu finden sind, können wir lernen, kunstvoll und mit Finesse zu managen und so die starke, von Einfluß geprägte Beziehung zu unseren Schülern zu pflegen. Barbara Lawson (S. 16)

„Welchem Quell entspringt die Weisheit im Beruf?" – Aus unseren kollektiven, einsichtsvollen Reflexionen über unsere Erfahrungen. (S. 17)

Wenn wir den Unterricht unserer Kollegen besuchen, wird uns dies befähigen, den Prozeß-„Wald" von den Inhalts-„Bäumen" zu unterscheiden. (S. 17)

Ein Wegweiser muß nicht an seinem Ziel gewesen sein, um jemandem den Weg dorthin zu weisen. (S. 20)

Die systematische Anwendung nonverbaler Signale ist die Essenz meisterhafter Kommunikation. (S. 29)

Die wirkungsvollste nonverbale Fertigkeit ist die
P A U S E. (S. 29)

Lehrer sind Saisonarbeiter, deren Zunge als aller erstes Körperteil müde wird und sich abnutzt. (S. 42)
Es gelingt Kindern immer, unsere Aufmerksamkeit auf sich ziehen; die Frage, ob sie positiv oder negativ ist, hängt davon ab, wie schnell und häufig wir sie ihnen geben. (S. 49)

Eine Klasse ans Werk zu bringen ist etwas ähnliches wie ein Schiff vom Dock loszumachen und auf die Reise zu schicken – je besser die Ablegezeit mit den Gezeiten zusammenfällt, um so leichter wird die Reise. (S. 53)
Wir werden nicht dafür bezahlt, beim Disziplinieren etwas zu fühlen. (S. 54)
Die Produktivität, die in der Stillarbeit entsteht, hängt davon ab, wie wir

die Segel beim Verlassen des Hafens des Unterrichtens setzen, um in Richtung Stillarbeit zu segeln. (S. 95)

Eines der höchsten Ziele des in diesem Buch propagierten Ansatzes besteht darin, in unserem Beruf den Wechsel zu vollziehen vom Disziplinieren mit *Macht* zum Management mit *Einfluß*. (S. 95)

Wenn Lehrer Macht ausüben, um Schüler wieder *AN* ihre Arbeit zu führen, legen sie sich gewissermaßen selbst Handschellen an, indem sie sich zum Auslöser für das gehorsame Verhalten des Schülers machen. (S. 105)

Der „historische Kniesehnenreflex" besteht in dem Glauben, es gäbe eine „Systemlösung" für die Leiden in unseren Klassen; daher entpuppt sich die alljährliche Reise zu einem pädagogischen Mekka nur immer wieder als eine neue, kurzlebige Erziehungsmode. ... Systeme" haben keine Auswirkung auf die Gruppe der Problemschüler ... nur Beziehungen! (S. 106)

Die Frage eines Lehrplans für kinästhetische Schüler liegt gegenwärtig außerhalb des Blickfeldes der Schule. Diesen Schülern werden ihre Rechte entzogen, denn sie können durch Schulerfolg keine Anerkennung bekommen. Als Pädagogen haben wir die Wahl, Beziehungen zu etablieren. (S. 106)

Der extrem rechtshemisphärische kinästhetische Schüler lebt in einer anderen Welt, er gehört zu den Mitgliedern des „ASW-Clubs". (ASW = *Anfassen-schafft-Wissen* oder *Aufmerksamkeit-schnell-weg*) (S. 112)

Unser Berufsstand ist dafür berühmt, daß wir aufgrund „philosophischer" Erwägungen Dinge tun, an die wir glauben, selbst wenn dies im Hinblick auf Zeit- und Energieaufwand alles andere als effektiv ist. (S. 119)

Dieses Buch vermittelt einen Ansatz, der Pädagogen dazu zu anregen möchte, sich nicht mehr als Bastionen der *Macht* zu sehen, sondern als Begleiter und Wegbereiter mit *Einfluß*. (S. 145)

Wir müssen uns von innen heraus entwickeln; wir brauchen Systeme, die uns befähigen, von dem Reichtum der Fähigkeiten zu profitieren, die in einzelnen Klassenzimmern sozusagen wie auf einsamen Schatzinseln verborgen liegen. Nur durch Prozesse des Austauschens, des Miteinanderteilens und der gegenseitigen Unterstützung kann das gemeinsame Potential an Wissen, Erkenntnis, Erfahrung, Kompetenz und Weisheit eines Kollegiums in Erscheinung treten. (S. 145)

Man kann den Unterricht sozusagen durch ein pädagogisches Fernglas betrachten. Dieses Buch konzentriert sich auf die Disziplinierungs- und Managementaspekte des Lernumfelds. Genauso wichtig ist jedoch die andere, die pädagogische Linse– das Curriculum. Lehrer können nur dann erfolgreiche Pädagogen sein, wenn sie die Schüler für die Arbeit an Aufgaben gewinnen, bei denen die Schüler erfolgreich sind. (S. 145-146)

Ein ENVoY-Coach unterstützt seine Kollegen bei ihrer professionellen Entwicklung und läßt sie selbst entscheiden, in welchen Bereichen sie sich weiterentwickeln möchten. (S. 153)

Der Einfluß der Macht ist kurzlebig, die Macht des Einflusses ist grenzenlos. (S. 195)

Dieses Handbuch ist als pädagogisches Feinschmeckerbuffet konzipiert, aus dem jede Lehrerin sich die Themen und Ideen auswählen kann, die in ihr eigenes Repertoire passen. (S. 196)

ENVoY soll ein pädagogisches Feinschmeckerbuffet sein, aus dem jeder Leser und jede Leserin sich die Themen und Ideen auswählen kann, die in sein oder ihr Repertoire passen. (S. 223)

Manchmal ist es so frustrierend, daß man als Lehrer nicht das tun kann, was man liebt: zu unterrichten. Lehrer lieben es, anderen etwas weiterzugeben, sie zu unterstützen und Dinge zu ermöglichen. (S. 203)

Unser Beruf braucht Lehrer und Lehrerinnen mit einem großem Herzen, die auch wissen, wie sie für sich selbst sorgen können. (S. 204)

Nicht mit Macht, nur mit Einfluß können wir Menschen helfen, ihre eigenen Stärken zu entfalten. (S. 219)

Namens- und Stichwortverzeichnis *

---

* ohne die Begriffe, die aus dem Inhaltsverzeichnis hervorgehen

Über den Autor

Michael Grinder ist National Director of NLP in Education in den USA und hat als erster die Erkenntnisse des NLP auf den Schulunterricht angewandt. Daraus ist die in *Schule erster Klasse* beschriebene nonverbale Pädagogik entstanden. Der heute international gefragte Seminarleiter studierte Theologie und Pädagogik an der Loyola Universität, USA. Nachdem er 17 Jahre in allen Bildungsstufen unterrichtet hatte, arbeitete er in den vergangenen zwanzig Jahren als internationaler Berater an Schulen, Aus- und Fortbildungsinstituten und spezialisierte sich besonders im Bereich der „Problemschüler". Der gefragte Seminarleiter hat es sich zur Aufgabe gemacht, die Prinzipien des NLP im Bereich der Erziehung und der Bildung zu erforschen und durch seine Veröffentlichungen und Seminare der Lehrerschaft allgemein zugänglich zu machen. Seine aktuelle angewandte Forschung konzentriert sich auf die Entwicklung von Lehrer-Schüler Beziehungen, die auf der Basis des Gewinns für beide Seiten *(Win-Win)* aufbauen. Solche Beziehungen werden durch den systematischen Einsatz der Fertigkeiten zum nonverbalen Unterrichtsmanagement möglich. Das vorliegende Buch *Schule erster Klasse* enthält die gesammelten und didaktisch aufbereiteten Fürchte aus mehr als 5000 Unterrichtsbeobachtungen.

Als neue Mitglieder in unserem Beruf heißen wir herzlich willkommen:

Krista D. und Nikki Mc.

(und vielleicht auch Kelly R.)

Weitere Informationen zu

Michael Grinder

zu seinen Veröffentlichungen

und Seminaren

finden Sie unter

www.synergeia.com

Bei Fragen und Anregungen

kontaktieren Sie uns bitte unter

mail@synergeia.com